ma fille

www.lerouergue.com

Mathilde Dondeyne

ma fille

la brune au rouergue

À Gabrielle, ma fille chérie.

« Pourquoi les mots, cette précision brutale
qui maltraite nos complications ? »

Simone de Beauvoir, *Mémoires d'une jeune fille rangée*

Juin 2019

En flottant dans l'eau chlorée de la piscine municipale, Irène se sent moins lourde, délestée de ce poids énorme pour elle. Elle aurait désiré plonger, sentir qu'elle vole puis traverser la surface bleu turquoise. Il y a peu de monde. Il est tôt. C'est dimanche. Le lieu résonne à peine. Seuls quelques chuchotements crèvent le silence ouaté.

La nage lui est bienfaitrice, salutaire ; elle apaise la folle ronde de ses pensées. C'est facile : il suffit de suivre la ligne de flotteurs rouges et bleus, de bouger les bras puis les jambes. Une chorégraphie apprise sans relâche lorsqu'elle avait six ans, qu'elle a fini par connaître intimement. Aujourd'hui, ses oreilles se repaissent de l'absence de hurlements, de ballons légers au-dessus des lignes. Ses réflexes enfantins la rassurent, elle s'y raccroche, tête haute. Puis elle accélère, double des bonnets de couleur, maîtrise les frissons qui la parcourent. L'eau tiède la régénère. Quelques éclats de voix lui parviennent de très loin, comme un écho, en parfaite évolution au cœur d'une bulle charriant le produit désinfectant. Dans les vestiaires tout à l'heure, Irène s'est déshabillée. Robe à bretelles rayée qu'elle a fait glisser le long de ses hanches et de ses cuisses, culotte noire. Corps indistinct qu'elle ne regarde plus. Nue, assise sur le banc en plastique orange de la cabine, elle s'est sentie invisible mais protégée ; elle écoutait les injonctions murmurées, décuplées par le carrelage et les cabines de douche, les pas rapides dans le couloir, se délectant d'appartenir à une communauté, de se sentir vivante au milieu d'êtres humains.

Pour cela, il lui faut se lever tôt, avant Antoine et les jumelles, prendre le bus, ligne 19, regarder les arrêts défiler jusqu'à oublier l'odeur du car, la nausée qui lui tord l'estomac, elle a toujours été victime du mal des transports. Ce matin, le ciel était d'un noir d'orage, sur les vitres, la pluie formait de minuscules gouttelettes, elle suivait les perles transparentes jusqu'à ce qu'elles se rejoignent, jusqu'à ce qu'elle cligne des yeux. Elle le faisait, petite fille, elle s'est surprise à y jouer de nouveau.

À la piscine, on est tranquille. Du moins, c'est ce qu'elle croyait, avant de sentir qu'on l'observe. Sans ses lunettes de vue cerclées, elle ne peut pas encore distinguer qui la regarde du haut des gradins. Au bout de trente-cinq minutes d'efforts, elle a baissé la garde, elle a pleuré tout bas comme une enfant qui s'est fait gronder, elle a pensé que ses larmes salées se mêlaient au grand bain chloré ; cette idée lui a procuré le soulagement attendu.

La libération est de courte durée. Une adolescente la fixe. L'eau trouble la protège, déforme les silhouettes… Et pourtant. *Trop tard*, pense Irène. C'est sa démarche qui la trahit. La jeune fille descend rapidement les marches, une main sur la rambarde, ses longs cheveux blonds flottant dans le dos. Leurs regards se croisent, elle se force à ne pas baisser les yeux, ne pas plier, surtout ; surtout pas. Se raccrochant à l'échelle, Irène sort de l'eau, une main sur son ventre rebondi comme une jolie pomme mûre.

Une femme en maillot de bain noir et une adolescente en tenue de sport se rejoignent au bord du bassin. Si elle le pouvait, si cette option lui était accordée, Irène assènerait à la jeune fille une gifle de haute volée. Il aurait suffi qu'elles soient seules. Il aurait suffi qu'elle ait du cran, de la volonté. Il aurait suffi qu'elle en ait le droit, tout simplement. Masquant l'angoisse qui commence à monter, elle récupère sa serviette-éponge laissée sur le banc. Le corps est désormais frileux. Les poils bruns dressés sur ses bras ne mentent pas.

En plus de la harceler, Louise lui fait encore peur.

PREMIÈRE PARTIE

1.

Dans l'appartement de soixante-cinq mètres carrés aux murs fraîchement repeints, les jumelles dérapent, en socquettes blanches sur le parquet jauni. Irène assiste impuissante à leurs glissades impulsives. La tête lui tourne, elle la sent prête à éclater, poids mort à l'image de son cartable en cuir à deux soufflets chargé de classeurs et de manuels pédagogiques. L'objet est posé à côté d'elle sur le banc de l'entrée. Deux ombres inertes se détachent sur le mur blanc.

L'odeur entêtante, écœurante, de peinture Glycéro l'a rendue nauséeuse. Elle observe Maud et Alma, habillées à l'identique, en débardeur et short en jean. Voilà qu'elles dansent, désormais. Elle assiste à leurs déhanchements, devine leur fièvre. Irène peut sentir la sueur, collier de perles brillantes en déliquescence, roulant sur leurs peaux tièdes. Les trente degrés de ce début d'après-midi n'affectent pas les filles autant qu'elle : le couloir s'est transformé en parcours du combattant, elles se déplacent parmi les cartons, l'intégralité de leurs affaires n'ayant pas été déballée. Le désir, la force lui manquent pour contrecarrer leur jeu. *Elles s'arrêteront vite, elles stopperont net leur cirque dès qu'elles se rendront compte qu'il n'y a personne pour les empêcher de se défouler.* Depuis que les jumelles sont en âge de faire des bêtises, elle se défend d'incarner la sévérité, cherchant à distinguer sa vie privée de ses obligations professionnelles. Elle est professeure de français, mais passée la grille, elle abandonne son rôle comme on laisse glisser ses vêtements dans le noir.

L'annonce ne s'encombrait d'aucun détail : « Appartement de soixante-cinq mètres carrés. Deuxième étage. Deux chambres. Une salle de bains. W.-C. séparés. Petite cuisine. Avec cave et parking. À louer de suite. »

Irène n'a pas hésité. Elle a appelé la propriétaire plusieurs fois, sans se décourager, et elle a fini par obtenir un rendez-vous. Elle a eu de la chance, elle était la première. Après une visite rapide, Irène a dit d'une voix ferme, une voix féminine qui pense exactement ce qu'elle dit et qui ne lui ressemblait pas : « Je le prends. »

« Je le prends », comme on achète un jean après en avoir essayé plusieurs.

En remontant dans sa voiture pour le trajet inverse, les mains crispées sur le volant, Irène a compris qu'elle aurait pu tout accepter pour fuir la maison familiale. Il leur fallait un appartement pour eux. Elle ne supportait plus cette colocation temporaire – un mois qu'ils vivaient chez les parents d'Irène –, les manies de son père, ses pas furtifs dans le couloir, à l'aube, la télévision allumée du matin au soir, les questions de ses parents qu'elle considérait comme des interrogatoires, comme si Antoine et elle avaient toujours quinze ans, et puis les reproches de sa mère, ces accusations naturelles dites sans réfléchir, mais décuplées lorsque l'on ne cesse de se croiser dans une maison qui n'est pas la sienne.

– Irène, je te les rends, elles ont été insupportables.

Elle a confié les jumelles à sa mère quelques heures afin de s'en libérer pour préparer la rentrée, se replonger dans les programmes, le bulletin officiel, les séquences, les séances. « Des piles électriques ! » a ajouté Isabelle sur le seuil de la porte, se régalant d'appliquer à ses mots une inflexion sarcastique.

Cette petite phrase, réprobation cynique en apparence anodine, suffit à expliquer l'origine de son apathie. Irène se sent prise au piège, condamnée par sa propre mère à cause de l'agitation des jumelles. Elle refuse de les secouer, de les asseoir, de les faire taire. Assise sur le banc de l'entrée, Irène songe qu'elle n'est, du point de vue de sa mère, qu'une mauvaise réplique de figure maternelle ; elle pense que c'est Iris qui détient la palme de la maternité, Iris, la célibataire, la divorcée, l'avant-gardiste, pourtant farouchement opposée en tout point à sa famille, Iris, sa petite sœur, à qui elle a fait des couettes, enfant, Iris qui a fait un bébé toute seule – Adèle, neuf mois – et dont l'indépendance la paralyse. Observant Maud et Alma, Irène pense à l'amour virulent, équitable, qu'elle éprouve pour ces deux-là. Elle pense qu'Iris est la préférée de sa mère, qu'elle l'a toujours su et elle se pose deux questions : comment cela est-il possible de préférer un enfant à un autre, et si elle pourra l'accepter un jour.

Elle se souvient des paroles d'Iris avant leur départ : « Profite de tes vacances. Pour une fois. »

L'absence de télévision, d'ordinateur, de wifi, le ciel bleu, immense, éclatant, zébré de traces blanches et boursouflées abandonnées par les avions, la nature au repos, aride, écrasante de beauté, les rayons lumineux se coulant à travers les persiennes, leurs horaires décalés, censés leur procurer ce « bien fou » promis par les articles des magazines féminins, les avaient rendus songeurs. Un peu distants. Le visage d'Antoine avait bruni, la ligne délicate de ses cernes bleutés s'était presque volatilisée. Ils avaient loué une villa et ils descendaient en bus, puis à pied, sur la longue plage de galets.

En défaisant les valises, Irène a pensé : *Je n'en ai pas profité.* Au fond, elle en connaît la raison. Devant la vitrine de la boulangerie, le 4 août, l'hebdomadaire local avait titré en lettres grasses majuscules : « Naufrage de plus de cinquante migrants en mer. » Irène avait acheté le journal, lu l'article debout sur la chaussée : un groupe composé d'hommes, de femmes et d'enfants, partis des côtes libyennes et tentant de rallier l'Italie, avait péri au large de la Tunisie. Sur la Une, la photographie en couleurs d'une embarcation de fortune – un bateau pneumatique de marque identique à celui de son père, ronflant dans le garage et qui ne servait plus depuis des années – au milieu de la mer, épaisse et sombre. Elle avait compris que la panique s'était emparée des migrants après une grosse vague et un mouvement de foule. Puis le bateau avait chaviré, charriant les malheureux.

Allongée sur sa serviette de bain, le cou tendu au milieu de cette communauté surexposée, cherchant des yeux les voiliers, les paquebots, les yachts à l'horizon, elle a imaginé sans peine ces corps déjà cadavres déchiquetés par les vagues, d'où jaillissaient d'ultimes hoquets de fatigue. En elle, au contraire, entre ses tympans rugissait en silence une empathie violente mais familière, ressurgie de sa propre enfance, vestige de son caractère de fillette. « Une véritable éponge », lui rabâche Isabelle. En elle, ces vains appels au secours perforaient sa tête devenue caisse de résonance pour ces cris sourds de femmes, de vieillards, d'enfants. De nourrissons.

Dans les jours qui ont suivi, le film de l'événement défilait en autonomie derrière ses paupières alourdies. Elle ne tenait pas en place, s'était mise à lire et à écouter tout ce qui touchait à cette actualité : heure par heure, elle avait suivi les dernières informations en direct sur son téléphone portable – objet accaparant qu'elle s'était pourtant juré de laisser en mode avion –, elle avait allumé la radio, tôt le matin. Elle cherchait la vérité ou l'une de ses bribes, traquant la moindre alerte, sursautant à toute notification.

À l'image des journalistes avant elle, Irène a multiplié les sources, parcouru les sites de différents médias. Bien sûr, elle a conté à Antoine le récit de l'accident au fur et à mesure de la découverte de nouvelles informations, le dérangeant, sur la plage, en plein soleil, en pleine lecture d'un roman policier. Ses réponses évasives l'ont sidérée. Pourtant, le blâmer aurait conduit immédiatement au conflit : il se reposait, il *profitait*. Lui.

Après avoir déposé les jumelles au club de plage, Irène prenait le large dans la Méditerranée, s'efforçant de nager un à deux kilomètres, dix allers-retours jusqu'à la bouée jaune. Mais son dégoût ne se noyait pas dans l'eau turquoise, derrière ses lunettes de plongée son imagination l'attirait vers le fond : lorsqu'elle battait des pieds, mille bras l'enserraient à la taille, mille mains appuyaient sur son crâne, des torses nus flottaient à la dérive, quand le soleil de plomb rendait la surface scintillante et trouble comme les lames d'une infinité de petits miroirs brisés.

Elle avait réfléchi à un moyen concret pour les aider, les appelant tantôt « migrants », tantôt « réfugiés », ne connaissant pas encore la différence, elle l'avait découverte plus tard dans un communiqué du Haut Commissariat des Nations unies pour les réfugiés. La séquence de cours conçue à l'heure de la sieste, sur la table ronde du salon de la villa de location, prenait appui sur ses recherches personnelles : témoignages, analyses, statistiques, reportages, documentaires, illustrations. Un chapitre sur « La crise migratoire traitée par la presse » qu'elle s'apprêtait à proposer à ses nouveaux élèves. Et tant pis si cela ne rentrait pas dans le programme : l'univers du journalisme, plutôt étudié en classe de quatrième, lui offrait la possibilité de les intéresser, et ainsi de les mener jusqu'au brevet. Le fameux « fil rouge » prononcé en formation, tant attendu des inspecteurs d'académie.

– Maman, tu travailles même pendant les vacances ?

Impatientes, Maud et Alma l'interpellaient, la rappelant à ses devoirs de mère. Un jour, en fin d'après-midi, Irène a reçu un coup de téléphone d'Isabelle, inquiète de savoir si elle se reposait.

Sa mère, capable de ressentir son état d'esprit à l'autre bout de la France.

Restait une angoisse : la rentrée.

2.

La transition avait pris six mois. Six mois où l'on se sent déjà absent d'un lieu que l'on va quitter, six mois pendant lesquels Irène n'avait fait que se projeter. Espace-temps qu'elle avait consacré à sa demande de mutation, au dépôt du préavis, au déménagement, au changement d'école des jumelles. Elle a fait rimer déménagement avec déchirement. Ingénieur agronome, Antoine n'a eu aucun mal à retrouver un poste. Le coffre plein, suivant le camion qui emportait la totalité de leurs meubles et effets personnels, Irène avait tenté de lui avouer, au travers de mots compliqués, son appréhension.

Elle ne sait pas exprimer ce qui la broie, ou plutôt, elle ne parvient jamais à le dire parfaitement, à adhérer au plus près des émotions. Ce qu'elle communique est inférieur à ce qu'elle ressent. Elle s'en contente, ne sachant pas faire autrement.

– De quoi as-tu peur exactement ?

Antoine est pragmatique. Il règle les problèmes les uns après les autres, il les classe, puis les oublie. Il avait tourné le bouton du volume de l'autoradio, il avait enchaîné, sans attendre sa réponse, pris dans ses propres réflexions qui ne la concernaient plus, pour échapper à l'angoisse de son interlocutrice : au lieu de l'écouter, d'affronter les yeux brillants et noirs de mascara, au lieu de braver cette peur ensemble, de la narguer parce qu'à deux on est plus forts, il avait comblé le vide, le silence de l'habitacle rompu seulement par les respirations chuintantes des jumelles endormies à l'arrière.

– Tu changes de région, de collège, d'accord, mais c'est bien le même fonctionnement non ? Tu passes à un niveau supérieur, c'est cela qui t'angoisse tant, ce passage de la sixième à la troisième ? Je t'ai connue plus téméraire, les années ne les transforment pas en monstres. Je ne vois pas pourquoi tu appréhendes de la sorte.

Depuis l'obtention du Capes, Irène a eu en charge des classes de sixième et de cinquième. Elle appréciait leur spontanéité teintée de candeur, leurs bavardages insouciants dans les couloirs ; c'est la sortie de l'enfance, l'adolescence pas encore née, un entre-deux généreux. Leurs mains levées la rassuraient. Même leurs flatteries intentionnelles, calculées, lui arrachaient des sourires : « Oh, Madame, que votre robe est belle aujourd'hui ! », « Que c'est passionnant l'orthographe ! », « Je n'ai pas vu le temps passer ! »

Fayots, se moquait-on dans son dos, et elle agitait la tête de gauche à droite pour signifier qu'elle n'était pas dupe.

Le programme, basé sur les textes antiques et bibliques, lui avait plu : elle leur avait donné à lire des récits de héros et d'héroïnes – Achille, Thésée, Énée, Andromaque, Chimène –, des combats de chevaliers, des contes, des fables, des histoires d'aventuriers, de chercheuses, de voyageurs intrépides. Elle avait fait surgir en classe, par les mots des autres, la liberté absolue qu'elle n'avait jamais goûtée.

Antoine a raison. L'angoisse d'Irène ne tient pas debout, n'a pas de forme, ne coule d'aucune source. Pourtant, elle se réveille bien avant l'aube, palpe dans l'obscurité son pyjama trempé de sueur.

Il avait poursuivi, maladroit :

– Nous nous rapprochons de nos parents, de nos amis, d'anciens camarades de promotion à qui nous avons fait nos adieux il y a dix ans, jurant de les revoir, le temps passe si vite, c'est fou, tu devrais te réjouir, on rentre au bercail, c'est bien cela que les gens normaux font, c'est ce que tu désirais, je me trompe ?

Et puis, dans un virage comme dans un souffle :

– Tu n'es plus cette professeure découragée, défaitiste. Tu n'ouvres plus les salles de classe la gorge serrée, la main tremblante, agrippant ton cartable. Tu ne pleures plus sans raison. Tu sais te contenir.

Irène savait qu'Antoine s'en sortait bien mieux qu'elle, qu'il contenait, lui, ses larmes, comme impassible, gérant la douleur d'avoir perdu Solène, quinze ans auparavant, alors qu'elle venait de naître.

Ils n'évoquent plus jamais le sujet.

3.

C'est Irène qui a fait le choix d'enseigner dans un collège réputé difficile. Elle a tapé le mot « REP » sur Internet et elle a compris que ceux qui y travaillaient se heurtaient à une autre facette du métier : éviter l'échec scolaire en éduquant. Elle a lu qu'elle serait formée, soutenue, accompagnée. Elle s'était sentie pousser des ailes, se figurant que ce serait une belle revanche : elle a eu envie de se démarquer, de montrer qu'elle pouvait prendre des risques, elle aussi. Un trait au feutre noir sur la petite fille sage, l'étiquette attribuée par sa mère, qui l'irritait.

Mais cette décision lui a coûté des nuits d'insomnies : elle se remémore le cœur qui s'emballe, le corps qui tressaille et la trahit, à l'instar de ces lambeaux de peaux rouges et rongées autour de ses ongles ; un instant d'égarement, elle a songé à appeler au secours pour que quelqu'un, n'importe qui, agisse à sa place, prenne une initiative, n'importe quelle solution pourvu qu'elle la libère.

Tu as eu le choix, tu aurais pu accepter un poste bien plus commode dans un collège plus réputé, moins craignos, tu as dit « oui », impossible de revenir en arrière et d'ailleurs, ce n'est pas ce que tu veux, tu ne vas pas tout gâcher, avec ta peur puérile et ta respiration saccadée, tu enseignes quand même depuis vingt ans ! Antoine a eu l'air de lui souffler tout cela, pourtant, il s'était tu. Le sérieux de son regard suffisait.

Alors, pour défier l'inquiétude, Irène a supervisé la mise en place des meubles, la pose de peinture dans l'appartement. Elle a assumé les tâches ménagères, elle a rempli le réfrigérateur, elle a frotté les vitres, le sol, elle a passé l'aspirateur, elle a dépoussiéré les surfaces lisses et planes, elle a étendu le linge, elle a traîné Maud et Alma à la danse, au tennis, à la voile, au centre de loisirs, elle a ramassé les jouets qui traînaient, elle les a bordées le soir, embrassant leurs fronts bouillants. Elle a donné le change : pour Antoine qui travaille tellement, pour ses filles qui apprivoisent leur nouvel environnement.

Et puis refuser la facilité, la préméditation, ne plus se préserver. Se rendre utile, quitte à en baver. Au moins, le directeur paraissait avoir la tête sur les épaules. Il l'a mise à l'aise pendant l'entretien en lui confiant des détails intimes – sa famille vit à des centaines de kilomètres mais il a choisi ce collège *à problèmes* pour se sentir vibrer, poser le pied par terre le matin avec la sensation d'œuvrer, d'être un maillon de la chaîne, d'aider ces pauvres gamins, de les mener jusqu'au brevet des collèges –, il est secondé par une équipe *solide et solidaire*. Il ne regrette rien. Irène a dérangé la secrétaire pour des papiers administratifs, elle lui a parlé d'une manière adorable.

Un soir, bien après qu'ils ont couché les filles. Irène perçoit des pleurs à travers la cloison. Peu habituée aux réveils nocturnes des jumelles, elle se lève à tâtons pour ne pas déranger Antoine. Depuis le retour des vacances, il éprouve des difficultés à s'endormir, sa charge de travail s'est encore accrue, elle n'ose pas lui poser de questions, certaine qu'il préfère laisser ses problèmes au bureau. La porte de la chambre est restée entrebâillée. Maud console Alma d'un cauchemar en essuyant, avec la manche de son pyjama en coton, les larmes roulant sur ses joues bombées. Affectant un air sérieux, elle lui prend la main : « N'aie pas peur, ne sois pas triste, nous serons toujours ensemble. »

Elles ont le pouvoir de se rassurer l'une l'autre ou de se morfondre dans le même chagrin, peut-être pour souffrir un peu moins.

Irène songe que ses quarante ans ne lui confèrent aucun aplomb alors même qu'elle voudrait donner l'image d'une femme forte, ambitieuse, déterminée.

Les filles lui donnent souvent l'impression d'être plus armées qu'elle ne l'est face à l'existence. Elle pense tout haut : *C'est déroutant.*

4.

Le vent pénètre dans la cour par la grande porte. Il balaye les rares détritus datant de l'année dernière, emballages de biscuits aux couleurs délavées, qui s'envolent en se mélangeant aux plumes d'oiseaux, pour retomber sur le revêtement gris, bétonné. L'automne se pose sur les épaules tendues, le soleil est moins prégnant, la chaleur, moins étouffante. Des mères passent machinalement leurs doigts dans des cheveux courts, graissés de gel – ces petits garçons, sacs à dos gris ou bleus calés sur les épaules, se laissent faire, ne sachant comment résister. Ils doivent être en sixième. Les fillettes à la peau hâlée, aux cheveux raides ou tressés attendent, fébriles, qu'on les appelle. Chez les plus grands, Irène capte des clins d'œil, des œillades complices. Des pouces levés.

Un élève, douze ou treize ans, siffle, se fait reprendre par le CPE qui domine la foule, en haut de la passerelle. Devant le perron du bâtiment principal où les élèves sont rassemblés, Irène écoute sans intérêt le discours que le CPE lit de plus en plus vite, sans les regarder. Il cite le prénom du perturbateur : « Ulysse », – lui, rouge de fierté, se faire reprendre dès la rentrée, c'est gagné pour le reste de l'année. L'incident permet à cet homme d'un âge avancé de rappeler en deux mots le règlement intérieur : se ranger les uns derrière les autres à la deuxième sonnerie, se tenir correctement, attendre l'appel pour monter en classe, ne pas rester dans les couloirs aux intercours. À quelques centimètres d'elle, des pères d'élèves chuchotent ; elle entend certains mots : « réprimander », « autorité ». Ils ont l'air satisfaits.

Puis vient la répartition des classes. Irène est professeure principale de la 3eB, mais elle n'écoute plus rien, plus personne, elle se trouve ailleurs ou plutôt à l'intérieur ; elle s'immerge en se protégeant comme cela de l'abattement général, se projette au lieu de subir pleinement l'attente. Peu à peu, le programme de la matinée prend forme dans son esprit – distribuer les carnets de correspondance, guider les élèves pour remplir les premières pages, proposer une activité citoyenne afin de les connaître, souder la classe autant que possible, leur proposer le thème de l'année qu'elle a choisi pendant les vacances : les migrants – et c'est à ce moment précis qu'elle l'aperçoit : nuque raide, longs cheveux blonds, décolorés, qui lui parviennent jusque dans le creux des omoplates, débardeur noir en polyester à col roulé, prohibé, moulée dans un jean bleu clair, taille haute, larges trous au niveau des genoux.

Comparée aux autres autour, tout en elle signale l'écart, le pas de côté, l'envers du classique. Il lui est impossible, de là où elle se tient, sur son exacte diagonale, de capter son visage, cependant Irène discerne de sa place ses ricanements aigus, elle espionne sa taille très fine, androgyne, ses mollets maigres, ses bras blancs, toute sa peau, blanche, nacrée comme un coquillage, opaline. *Une enfant*, pense-t-elle, une enfant la source de son inquiétude, ce type d'élèves, déjà dans l'insolence, dans la rébellion, rien que par les vêtements qu'ils portent, l'allure qu'ils se donnent. La fille rejette la tête en arrière, en un mouvement. Crâneuse.

Puis les escaliers se gravissent dans un brouhaha indescriptible dont Irène n'est pas maîtresse. Tant pis, elle ne veut surtout pas se mettre à crier, pas le premier jour, elle se fraye un chemin à travers le groupe, s'assurant de ne pas les effleurer, « attention, laissez-moi passer », elle entreprend d'ouvrir la porte, prie pour avoir enfoncé la bonne clé, les trente-deux élèves entrent sans se presser et Irène fait l'appel de la 3eB.

Ils lui répondent « présent », « ouais », elle n'en reprend aucun ; le désir de se montrer autoritaire dès les premiers instants s'est évanoui à peine a-t-elle ouvert la porte, et le souvenir des premières lignes de *Madame Bovary* l'envahit, une idée fixe, pourtant, nul ne porte de casquette, les tables en bois clair ne sont pas des pupitres, le tableau noir jurerait sur le mur fraîchement repeint, couleur vert pomme, acidulé. Acide. Elle bute sur les noms de famille, s'égare, se reprend, entend quelques rires sciemment dissimulés. Elle commence à sentir qu'elle transpire.

Irène refuse systématiquement d'inscrire « Latellier » au tableau. Exhiber son identité est inutile. L'expérience le lui a confirmé : elle sait que les surnoms désobligeants sont imaginés bien avant la première heure de cours. Le prénom se volatilise à défaut du nom, qui s'ancre, placé en queue de phrase, et vient ensuite cette façon vulgaire de le prononcer, forcément juste après l'injure : « Putain, j'ai Latellier après la récré. » Cette condescendance, cet irrespect, l'embarrasse et la glace. Espérant éviter un bruit de fond, elle tente de réprimer le bavardage ténu mais espiègle. *Le premier jour de classe est le plus important, tout se joue dans les premières minutes* : la réplique d'un ancien formateur lui revient à l'esprit. *Quelle pression, on ne peut rien améliorer, les dés sont jetés, c'est une tragédie*, pense-t-elle. Elle croit à cette théorie pour l'avoir expérimentée. Elle en a fait les frais. Les enfants sont comme les chevaux ; en sa présence, ils inhalent, poumons ouverts, cette peur viscérale, ils en profitent, elle leur est bénéfique. Ils sentent quand le vent tourne, quand la professeure ne gère plus, et d'Irène ressurgit une sensation inconnue qu'elle tâchait vainement d'étouffer : le débordement.

Elle confronte les photographies du trombinoscope à la réalité de leurs visages offerts : Oriane, Johanna, Célia, Kyllian, Ambre, Alicia, Hugo, Thomas… Ils sourient. Tous. Décontenancée par ces rictus énigmatiques, le malaise commence à la ceinturer. Elle se répète qu'ils ne sont qu'en troisième, qu'elle ne peut pas se considérer comme inférieure à eux, angoisse davantage à l'idée qu'ils devinent son affolement.

Irène prononce le dernier prénom, *Louise*, lève le regard, sent le sien posé sur elle. Des yeux d'un vert brut, remarquable. Elle reconnaît en une fraction de seconde la fille de la cour, cette fois de face, cinquième rangée, assise, non, affalée, fesses en bordure de chaise, seins moulés dans un soutien-gorge, pointés vers le plafond, et elle sent sa mâchoire s'arrimer.

Louise la fixe de son regard incandescent, elle détient l'incroyable pouvoir de faire rougir à distance le haut de ses joues, le lobe de ses oreilles, de faire trembler ses phalanges.

5.

Irène tâtonne. Elle recherche le ton adéquat. Elle réfléchit à la manière d'intéresser les 3eB à ses quatre heures hebdomadaires. Elle varie les supports, projette des images fixes ou animées, des extraits de documentaires, leur fait écouter des émissions de radio ; elle se montre intarissable sur les écrivains, convaincue que la vie d'un autre les passionnera. Elle les fait descendre au centre de documentation, leur laisse la parole au moyen d'exposés.

Mais chaque tentative pour capter leur attention se solde par un nouvel échec. Chaque entrée en matière est suivie de soupirs sonores, qu'Irène interprète de manière négative, forcément révélateurs de leur indifférence, de leur lassitude. Elle s'efforce de ne pas s'énerver, d'ajuster sa voix pour qu'elle ne sonne pas comme un reproche, d'attendre patiemment qu'ils lèvent la main au cœur de la morosité ambiante. Elle se surprend à penser à ses anciennes classes de sixième. À ces airs ingénus qu'elle ne reverra plus. À ces visages dépités lorsqu'ils n'étaient pas interrogés.

Trois ans d'écart, pense-t-elle souvent. Un gouffre. La puberté emprunte des chemins étranges. De quoi ont-ils peur ? De se tromper ? Du regard des autres ?

Alors Irène apprend : à parler avec des gestes, moins vite, plus fort. La classe est bavarde mais peu d'élèves participent. Elle ne croit pas à l'ironie du sort, devine l'absence de cadre les années précédentes. Elle ne saurait blâmer ses collègues.

Le bureau du professeur leur fait face, et rien ne leur échappe. Au début, Irène croit qu'en apportant du soin à sa tenue, ils la respecteront. Pantalon fluide, noir, neuf, acheté en soldes au début de l'été, blouse en soie légère de couleur corail, montre, bracelet en or fin, alliance, perles blanches. *Je n'appartiens pas à leur milieu social*, se dit-elle, un matin, en traversant la cour. Cela crève les yeux. Elle a tout faux. Ils doivent sentir qu'elle outrepasse les codes : maquillée avec soin, le mascara commence à couler ; les pores de son nez se dilatent, elle transpire à chaque heure de cours, comme si tout en elle prenait la fuite. Pour stopper le flux de sueur, la courbe de ses pensées pessimistes, elle reste campée sur ses jambes, les bras tendus, mains moites à plat sur le bois nervuré.

Rien ne leur échappe. Le trait maladroit du rouge à lèvres, le bouton manquant à son chemisier, un mot mal prononcé, un dysfonctionnement du vidéoprojecteur, le claquement d'une porte à cause d'un courant d'air, la venue impromptue d'un surveillant : tout est prétexte à la distraction.

Nul besoin de la suivre jusque chez elle, comme dans certains romans destinés aux enfants, où le lecteur découvre que les élèves filent un professeur pour connaître son lieu de résidence, par curiosité, par jeu ou par animosité. Leurs regards la poursuivent irréductiblement, la toisent dans le miroir de la salle de bains sans qu'ils aient à lever le petit doigt.

Elle se souvient d'un livre, *L'Atroce Monsieur Terroce*, aux éditions J'aime Lire. Elle envie ce monsieur de papier, qui possédait la faculté de terroriser les élèves.

Ferait-elle mieux d'accepter leur désintérêt, de les *envoyer paître* ? Antoine lui sort cette expression le soir, après le dîner ; la cambrure voûtée d'Irène, le regard hypnotisé par l'écran de l'ordinateur lui rappellent de mauvais souvenirs. Il lui suggère d'avancer, coûte que coûte, de suivre le programme à la lettre, tambour battant, mais cela signifie bien *sans eux* : sans ces collégiens en difficulté qu'elle découvre jour après jour. Autrement dit *marche ou crève*.

Mais Antoine n'enseigne pas. Il ne peut pas comprendre. Ce sont les mots qu'Irène emploie pour lui répondre.

Elle s'était figuré que le pire serait les garçons : la semaine précédant la rentrée, ils avaient regardé un film qui passait à la télévision, *La Journée de la jupe* avec Isabelle Adjani dans le rôle principal. Antoine avait trouvé le scénario « grotesque », la situation terrible dans laquelle l'enseignante se retrouvait l'avait agacé – cette jupe portée envers et contre tout, cette prise en otage, ce revolver pointé sur les élèves, cette torpeur indescriptible, cette trouille lâche et démesurée –, non, il n'avait pas pu y croire. Elle, si. Elle avait suivi le film tel un script envisageable du déroulement de ses futurs cours de troisième.

Elle s'était figuré que le pire serait les garçons, comme dans ce film regardé un dimanche soir, mais non : le pire ce sont les filles, et elle se reproche tous les jours depuis la rentrée de n'avoir pas su s'y préparer.

6.

La cloche a sonné depuis dix bonnes minutes. Irène a fait l'appel de la 3eB. Elle note l'absence de Louise dans le logiciel.

– Elle est pas absente madame. Je l'ai vue ce matin dans le bureau du CPE, lance Oriane.

– C'est la troisième fois cette semaine, ajoute Maël, en se balançant sur sa chaise, fier d'en savoir plus que les autres qui s'engouffrent dans la brèche.

– La troisième fois ?

– Elle va être virée avant les vacances de la Toussaint !

– N'importe quoi ! crie Johanna du dernier rang, déterminée à défendre sa meilleure amie, occupe-toi de ce qui te regarde, on t'a pas sonné Thomas !

La voix agressive désarçonne Irène.

– Merci, le sujet est clos, prononce-t-elle d'une voix forte, couvrant le débat qui commence à s'installer.

– Méchante, souffle doucement Thomas, en sortant son classeur souple et sa trousse.

Irène l'a entendu. En leur demandant de noter la phrase du jour inscrite au tableau, elle le dévisage. *Lui, il a l'air gentil,* et son cœur s'adoucit. L'effet de groupe l'intimide. *Mais pris individuellement, ils sont sûrement inoffensifs, ou alors moins insolents,* se rassure-t-elle, soutenant avec force le regard sombre de Johanna.

Ici, dans cette salle aux murs verts, d'où l'on entend passer le train de marchandises avec fracas, où l'on s'époumone pour transmettre son savoir, tout est prétexte à prendre la parole sans l'avoir réclamée. Irène se demande comment se passent leurs repas de famille. Si le ton monte avant que le plat ne soit cuit, si l'on se brûle les lèvres à force de crier la bouche pleine, si les portes claquent à faire vibrer les cloisons, si les assiettes volent, si les parents laissent les enfants donner leur avis ou s'ils se font *cogner quand ils l'ouvrent,* comme le lui a laissé entendre Hugo, un matin de septembre, lorsqu'elle lui a donné une punition pour bavardage incessant. « Mon père va me frapper », lui a-t-il rétorqué, les yeux lourds. Elle l'a cru. Sybille, sa collègue d'histoire, responsable du niveau troisième, lui avait déjà confié que certains parents avaient la main leste ; qu'il ne fallait pas leur chercher d'excuse, surtout pas, mais que certains gamins étaient « tellement difficiles », et puis que d'autres « affabulaient », elle en était certaine. Glacée par ses paroles, Irène avait renoncé à la punition d'Hugo.

Elle est en train de dicter le titre de séance lorsque Louise ouvre la porte à la volée. En retard. Un mot d'excuse ? Pas la peine. Elle porte son sac Longchamp d'une main, de l'autre son carnet de correspondance, duquel s'échappent des feuilles froissées. Sans un regard pour Irène, la collégienne se dirige vers le dernier rang, se vautre sur la chaise vide à côté de Johanna, en soupirant bruyamment. Ne rien dire encore, pas tout de suite, les autres sont concentrés, pour une fois.

Les coudes sur la table, la collégienne se cache à peine pour répondre à Johanna qui l'interroge. Comment résister au désir de partager ce que l'on vient de vivre avec sa meilleure amie ? Elle n'a pas enlevé sa veste, pas sorti ses affaires. Elle est là, dans le silence complet qui a suivi son entrée, et tous semblent se demander quand cela va exploser. Après des semaines d'insolence, d'effronterie, d'affrontement, cette fois c'en est trop pour Irène.

– Louise ! Déjà, tu es en retard, ensuite, tu ne frappes pas avant d'entrer…

– J'y peux rien si on m'a convoquée ! la coupe-t-elle en tentant de refaire son chignon défait.

– Tu ne me réponds pas ! lance Irène, assumant sa colère. Tu sors tes affaires, le cours a commencé.

Louise s'exécute. Cela en est presque étonnant. Puis la séance se déroule toute seule. Irène a retrouvé le courage qui lui manquait. Elle leur présente le prochain livre qu'ils devront lire, *Le Temps des miracles* d'Anne-Laure Bondoux. L'histoire d'un petit garçon qui traverse le Caucase jusqu'en France, avec son passeport dérisoire et son passé cabossé. L'occasion de renouer avec le thème de l'année : « La crise migratoire ». Elle sent qu'elle reprend le fil, les rênes, ils posent enfin des questions, et même si elles sont agaçantes, « combien il y a de pages ? », « il y a des images ? », « c'est pour quand ? », « ça sera noté ? », elle a l'impression de les intéresser.

– Ça a l'air bien, déclare Thibaud.

Elle les fait sortir un peu en avance pour la récréation. La présentation du livre lui a mis du baume au cœur. *Un peu d'espoir, un peu de répit !* songe-t-elle, avec naïveté, en passant dans les rangs pour ranger quelques chaises. Sa boule au ventre n'a pas complètement disparu. Il y a quelques jours, elle a passé des examens, Antoine s'inquiétait qu'elle ait mal à l'estomac à longueur de temps, et si c'était un ulcère, de nouveau ? Mais non. Le gastro-entérologue lui a prescrit du magnésium marin et lui a conseillé d'*aller voir quelqu'un*. Le stress la ronge depuis fin août, à son corps défendant. Elle est en train de se masser doucement le ventre, lorsqu'une boulette de papier attire son attention, sur le rebord de la table qu'occupaient Louise et Johanna. Les mains tremblent un peu pour déplier le papier quadrillé. C'est un monologue en langage SMS, et à mesure qu'elle déchiffre l'écriture maladroite, elle sent ses muscles se tétaniser. « La prof est folle, elle croit qu'elle a de l'autorité mais que dalle, elle est vraiment parano en fait. »

Elle s'était figuré que le pire serait les garçons.

Mais le pire, c'est Louise.

Depuis qu'elle a fourré ce mot dans sa poche, elle rêve de la jeune fille.

7.

Louise et Johanna s'épient. Irène les a placées de part et d'autre de la salle, Johanna, au fond, près de la fenêtre, collée au chauffage sur lequel elle pose son livre et son classeur de français, Louise, devant elle, face au bureau, à côté de Robin qui ne dit jamais rien. Consciente de leur amitié indestructible, à-la-vie-à-la-mort, Irène a pensé que les séparer serait une solution. *Couper court aux bavardages. Laisser place au silence. Favoriser une atmosphère de travail.* Hier, elle s'est répété inlassablement ces injonctions à l'infinitif apprises par cœur en formation, et elle a bouleversé le plan de classe : les chuchotements aux intercours, l'interception de mots, l'observation des clans, des binômes, des rapprochements, l'ont renseignée sur leurs relations. Elle s'est sentie d'attaque, prête à faire voler en éclats les liens qui les unissent pour cinquante-cinq minutes de cours. Ce matin, elle a scotché le plan sur la vitre de la porte, et les élèves de la 3^{e}B sont entrés un par un. Leurs airs déconcertés lui ont fait du bien. Irène a senti qu'elle reprenait la main.

Mais malgré la distance, les deux filles ne manquent pas une occasion de se regarder, affichant leur étroite complicité. « C'est sans cesse et c'est pénible », leur assène-t-elle d'une voix soudainement haute, une voix d'adulte qu'elle ne maîtrise pas et qui s'éraillera tout à l'heure, ajoutant qu'elles perturbent son cours.

– J'ai rien fait, j'ai rien dit.

C'est Johanna qui la provoque désormais. Si elle s'entête à lui répondre, Irène saura quoi faire, elle possède des leviers : mettre un mot dans le carnet de correspondance, cocher au stylo rouge la croix dans la case « comportement » – au bout de trois croix, retenue de deux heures –, contacter les parents, demander un rendez-vous avec le directeur. Mais Irène ignore la remarque, reprend le fil, revient sur la biographie de Maupassant. Ils doivent prendre des notes pendant qu'elle lit. Les pointes grattent furieusement le papier quadrillé. L'ensemble de la classe se prête au jeu. Patiente, elle relit trois fois la même phrase, évaluant le rythme à l'observation des abréviations et des ratures. Elle les a prévenus : une prise de notes est différente d'une dictée. Elle s'émeut de voir Simon, le buste penché, la langue entre les dents, s'appliquer à former prestement les lettres. Pour le moment, le sens leur échappe ; ils sont focalisés sur l'écriture. *Affaibli par la maladie, Maupassant écrit moins.* Presque la fin. L'exercice semble fonctionner et son corps se détend inconsciemment. Ses mains relâchent un peu sa fiche de préparation. Debout au centre de la pièce, Irène goûte le plaisir simple d'une classe attentive, d'adolescents absorbés, mutiques.

Son premier cours avait été magique. Jubilatoire. C'était à Paris dans une minuscule salle de classe sous les toits. Satisfaction intense. Impression d'être transcendée. Vingt-cinq élèves de sixième la regardaient, attendant qu'elle commence. Juste cela : le pouvoir d'enclencher, d'appuyer sur le bouton, de donner le top départ d'une heure de cours. Juste cela : la puissance de terminer, de poser le doigt sur la bouche pour les faire taire, d'y mettre fin. Posséder cinquante-cinq minutes. Elle avait eu la sensation de contrôler le temps, elle qui ne sait pas profiter de l'instant présent, qui rejette le *carpe diem* de toutes ses forces depuis sa prime enfance. « Tu as toujours été hyperactive. » Les mots d'Isabelle.

Affaibli par la maladie, Maupassant écrit moins. Atteint de la syphilis…

– Vous pouvez pas l'écrire au tableau ?

Si. Elle peut le faire. Elle s'y colle. Mais il suffit de trente secondes pour que le premier rang s'ébroue comme un animal endormi, que Louise se renverse sur sa chaise, tentant de capter les yeux de Johanna, mimant, yeux au ciel et lèvres pincées, le dégoût d'être ici.

Reconnaître qu'elles la dérangent, jouer cartes sur table, en toute sincérité : les conseils de sa tutrice lui reviennent en mémoire alors qu'elle se dirige vers Johanna, à grandes enjambées, décidée à lui prendre son carnet de correspondance. Elle sait qu'elle a encore perdu, que cette heure de cours est gâchée puisque le regard fier de Louise irradie dans son dos. Et pendant qu'elle engueule Johanna, qu'elle lui signifie sa désapprobation, sa contrariété, trente adolescents commencent à bavarder. Un bruit de fond s'installe, enfle, la collégienne n'a plus rien à répondre, tête baissée, elle sent la punition venir mais c'est Louise qui s'y met pour défendre sa copine ou provoquer Irène, au choix, Louise qui se lève, qui déplie son corps frêle et leste, Louise qui ouvre la bouche et dont les mauvais mots se bousculent, trop heureux de sortir enfin :

– Elle a rien fait. Elle a pas parlé. On s'est juste regardées. Vous voulez quoi, le silence complet ?

– Louise, je ne t'ai rien demandé. Va te rasseoir, s'il te plaît.

– On était deux, elle est pas toute seule. C'est moi qui l'ai regardée, prenez-moi le carnet. Moi, je m'en fous.

Johanna baisse la tête, un peu plus. Alexandre et Hugo renchérissent, arguant que les filles n'ont pas parlé. Leurs murmures lui parviennent : « La prof est folle, elle est parano. » C'est la goutte d'eau. Irène explose, depuis un mois, avec eux, elle n'avance pas, jamais, elle fait la police tout le temps, à tous les cours, est-ce que c'est normal, ce n'est pas son rôle, elle enseigne le français, elle n'est pas surveillante, elle prend le carnet quand elle veut, à qui que ce soit, elle n'a même pas à se justifier.

Debout, face à eux, elle ouvre le carnet de Johanna, continue sa litanie, écrit en rouge « comportement irrespectueux ». Louise s'est rassise. Elle fulmine, les joues cramoisies.

– Elle a rien fait je vous dis ! Vous avez pas le droit de mettre une croix pour rien. Sa mère va la défoncer.

La sonnerie retentit. Irène les fait sortir sans un mot, évite les regards, referme la porte. Elle soupire, retient ses larmes, parce que tout cela commence à l'atteindre, à la bouleverser.

– Maman, tu ne nous écoutes plus !

C'est ainsi que Maud lui signale son détachement alors qu'Irène est en train de la coucher. Maud l'accuse, gouttes salées perlant à ses cils exagérément longs, les tempes humides, le sang chaud de s'être laissée aller. La petite flaire son obsession maladive pour la 3^{e}B. Antoine, rentré plus tôt que d'ordinaire, les regarde depuis le seuil de la porte. Il ne dit rien. Ne lui reproche ni son besoin d'isolement, ni la distance froide qui se creuse entre eux comme une tranchée boueuse. Mais Irène sent bien que ses filles, guidées par Maud, la plus expressive des deux, ressentent cette mise de côté.

Cette faculté de polyvalence qu'elle a pu détenir semble se consumer, pour en embrasser une autre, moins propice aux élans d'affection, celle de se concentrer sur une seule tâche à la fois. Elle qui savait se distraire avec les jumelles, endossant des postures théâtrales tout en tapant sur les touches de son ordinateur la séance du lendemain, sans que ni l'une ni l'autre n'en prennent pleinement conscience, peine à trouver cinq minutes pour leur lire une histoire. Elle qui se pelotonnait dans leurs lits, les écoutant raconter leur journée, coupe court à tout désir de conversation. Elle ne les écoute plus parce qu'elle n'en a ni le temps ni l'énergie : elle rentre éreintée du collège, et lorsqu'elle passe la porte, parfois, elle a envie de repartir en courant. Le goûter en rentrant de l'école, les devoirs qu'il faut superviser, le dîner, même les jeux de société : tout ce qui constituait son quotidien avec les jumelles la rebute.

Dans l'appartement familial, Maud et Alma commencent à éviter Irène. Elles construisent des cabanes à l'aide de draps et de couvertures, s'isolent dans leurs jeux imaginaires sans l'inclure.

Dans l'appartement familial, Antoine s'enferme dans la salle de bains lorsqu'il prend une douche.

Août paraît loin ; loin les chauds après-midi à ramper dans le couloir, loin l'euphorie des premiers jours, à courir en criant dans le nouvel appartement. Octobre surgit, embrasse l'été, les jumelles se cloîtrent dans leur chambre. Allongées sur le tapis, à bout de nerfs, elles hurlent « Interdiction d'entrer » quand Irène ouvre doucement la porte, à l'image des jeunes rebelles que la jeune femme côtoie tous les jours. Elle ne sait pas où elles ont appris à dire « non », à refuser ce qu'elle leur propose. Peut-être chez Iris, qui leur raconte sans détour ses frasques d'adolescente, le mercredi après-midi.

Au début compréhensif, Antoine perd de sa douceur habituelle. Il juge qu'elle travaille trop. Elle est pourtant forcée de se pencher sur « le problème 3eB », de ne pas les laisser *casser du prof*, une expression employée par le directeur surgissant un matin dans la classe aux murs vert pomme sans qu'elle l'y invite. Il a balancé son sermon en fixant un point sur le mur du fond. Irène n'était plus qu'un fantôme derrière lui, figée derrière l'imposante carrure de cet homme au charisme évident.

Elle ne l'a pas haï. Sa visite spontanée, censée lui apporter du réconfort, a au moins confirmé une chose importante : les élèves de la 3eB se conduisent d'une manière identique avec le reste des professeurs, c'est-à-dire qu'ils sont : « bavards, condescendants, perturbateurs, provocateurs ». L'année précédente, les collègues d'Irène ont mélangé deux classes pour noyer les adolescents les plus contestataires, les forcer à s'assagir, les tirer vers le haut, comme si l'atmosphère scolaire pouvait modifier la façon dont ils se comportent.

Chaque fois qu'Irène marque une pause dans le cours pour réprimer une insolence, Noémie et Joséphine, au premier rang, expriment leur désaccord, témoignant à la professeure un vague attachement. Cela montre qu'elles ne font pas partie de la « bande » : Maël, Hugo, Johanna, Louise.

Quatre élèves sur trente-deux, qui *cassent du prof*.

8.

Fin d'après-midi, dix-sept heures trente, avant le retour en bus. Élia patiente, souhaite parler à Irène. Elle range mollement ses affaires, son cartable, ses paquets de copies, attend que les autres élèves sortent de la salle. Toujours un qui traîne, Mathieu, pas pressé. Sa trousse tombe dans un bruit sec. Le moment s'éternise et Irène sent que si elle ne l'incite pas à partir, Élia s'enfuira sans lui avoir confié quoi que ce soit. Elle ramasse les stylos avec Mathieu, l'encourage à fermer son sac. Un « au revoir » proféré d'une voix brutale alors qu'il n'a pas passé la porte. Il comprend, sort sans se retourner, signe de connivence pour la jeune fille qui attend.

Au collège, une confidence n'admet aucun intrus.

Élia ne se dérobe plus, ses yeux brillent, elle a pleuré. C'est nouveau pour Irène, elle n'est pas habituée à recueillir les larmes des adolescents de la 3ᵉB. « Vous n'imaginez pas ce qui se passe chez moi. » Non Irène n'imagine pas, alors elle écoute : les devoirs jamais terminés sur la table de la cuisine, la corvée de s'occuper des petits frères et sœurs – trois, quatre et sept ans –, la présence en pointillé d'une mère célibataire qui travaille comme agent d'entretien et qui ne rentre pas avant minuit ; un père absent qui débarque une semaine par an.

Son impuissance la désoriente. Elle qui sait rassurer, consoler, reste interdite. Elle voudrait pouvoir prendre Élia dans ses bras, lui dérober ses angoisses, les faire siennes pour qu'elle ne pleure plus. Elle peut deviner que la démarche l'embarrasse – se confier à une professeure plutôt qu'à une amie chère – mais qu'elle n'a pas le choix. Irène voit en Élia toutes les adolescentes, toutes ces jeunes filles désemparées qui, à un moment ou à un autre, vers douze ou treize ans, sont frappées plus ou moins consciemment par la vacuité de l'existence, la puérilité des garçons de leur âge, l'ennui mortifère, tenace. Irène regarde Élia et ne dit rien, elle ne veut pas l'interrompre, il faut qu'elle garde le fil de la conversation qui révèle sa vulnérabilité.

Élia finit de s'essuyer le visage d'un revers de main, replace une mèche brune derrière l'oreille. Irène sort un mouchoir en papier de son sac à main. Que faire dans ces situations ? Étreindre l'élève, se blottir au creux de son cou, respirer son odeur, sa sueur tiède, lui caresser le dos, murmurer des mots affectueux dans l'oreille, au risque fou de briser la frontière entre vie professionnelle et vie privée, entre enseignant et élève, entre un adulte et une enfant ? Irène ne s'autorise pas à toucher les collégiens. Les frôler par inadvertance suffit à provoquer une tension. Elle s'est promis de ne jamais passer la limite acceptable – celle qu'elle considère comme acceptable, c'est-à-dire sans aucune ambiguïté –, et le contact physique avec un adolescent en fait intimement partie. *Le début de la fin,* comme on dit. Avant de laisser repartir la jeune fille, Irène lui dit qu'elle la comprend et lui promet de la soutenir.

Elle ne sait pas si c'est Élia qui lui a dit qu'on pouvait lui parler, qu'elle était accessible. Un peu *folle*, un peu *parano*. Disponible pourtant. L'adolescente se tient debout, bien droite, haut chignon de cheveux blonds enroulés au-dessus du crâne. Son corps fuselé de gamine domine Irène. Un mètre soixante-cinq face à sa posture voûtée. Sans la saluer ni la regarder, Louise lâche ces mots : « Je vous parle à la fin du cours. »

Je. Vous. Parle. Il n'en faut pas davantage. Irène se heurte à cette sommation. Elle décide de ne pas céder tout de suite, feint l'indifférence. À sa suite, les 3eB arrivent, par petits groupes ; ils se poussent, s'interpellent, laissent tomber leurs sacs, ouvrent leurs manteaux. Regards en coin. Airs goguenards.

Les yeux de Louise et d'Irène se croisent, elles détournent le regard, en même temps. D'un signe de tête, elle lui dévoile enfin son accord. Quand Louise regagne lentement sa place – elle le fait exprès, de traîner, elle se sent regardée et joue d'éveiller chez ses camarades de classe cette espèce d'admiration, cette putain de pure provocation –, Irène pense : *petite conne*. De sa place au premier rang, la *petite conne* la fixe, en mâchant son chewing-gum interdit.

Elle ignore ce qui pousse Louise à lui demander un rendez-vous.

Au collège, les confidences n'admettent aucun intrus, même lorsqu'il s'agit de la fille la plus populaire de la classe. Louise range lentement ses affaires, chuchote aux autres qu'elle les verra plus tard. Irène écrit un mot – « Louise sera en retard dans ton cours de physique, je la garde dix minutes pour un entretien, merci, Irène » – qu'elle donne à Mathieu pour Emmanuelle Brécourt, sa collègue.

– Pourquoi vous m'avez pas pris mon carnet aussi la dernière fois qu'on a rigolé avec Johanna ?

Le ton est excessif, condescendant, agressif. Irène ressent la violence de la question. Elle a toujours appris à ne pas justifier ses punitions. La remise en cause, d'accord, mais pas à brûle-pourpoint et surtout pas au collège. Mais si elle refuse de lui répondre, la conversation en restera là. Elle ignore si une telle occasion se présentera de nouveau : elle doit tenter de faire parler Louise, comprendre la raison pour laquelle elle se comporte de cette manière en classe. Une explication psychologique, un élément de son enfance ou de sa vie privée qui agit comme un frein à son épanouissement scolaire ?

– Johanna riait, tu ne disais rien. Tu voulais un mot, toi aussi ? Quel est le véritable problème, Louise ?

Irène s'efforce de maîtriser l'émotion qui l'envahit. Elle sent le rouge lui monter aux joues, comme chaque fois qu'elle se sent mise en danger.

– Oui j'en voulais un aussi. Pour que ça soit juste.

– Tu as évoqué la maman de Johanna, qui allait la gronder après ce mot.

Touché. Louise accuse le coup. Irène devine qu'elle ne voulait pas revenir sur ce sujet. Elle se souvient de l'air affecté de Johanna après la remarque de Louise en plein cours. Pour prendre sa défense, Louise n'a pas respecté l'intimité de sa meilleure amie, elle a lâché, sous l'effet de l'injustice, une parole défendue. Irène a bien vu que les deux filles ne se parlaient plus depuis quelques jours.

– Donc, tu as évoqué la maman de Johanna, reprend Irène. Mais comment réagiraient tes parents à toi si j'écrivais que tu as un comportement irrespectueux en classe ?

Louise foudroie Irène du regard. Un adversaire de taille, voilà ce que la collégienne semble penser à cet instant, répondant, presque du tac au tac, sans reprendre son souffle :

– Ma mère est plus là. Elle est morte. Quand j'étais en sixième. Tumeur au cerveau. Je pensais que vous le saviez. Je pensais qu'on vous l'avait dit. Même si vous êtes nouvelle ici. Les informations circulent, non ? Je suis pas venue vous voir pour ça. La mère de Johanna va la défoncer, c'est vrai. Moi mon père s'en fout, vous pouvez faire ce que vous voulez.

Elle bluffe. Irène le sent, à la rapidité de l'élocution, à sa manière de tripoter son chignon. Histoire de se donner une contenance.

– Je suis vraiment désolée pour ta maman, Louise. Non, personne ne m'a informée.

Irène ne ment pas.

Il n'y a plus rien à dire. D'un geste nerveux, Louise balance son sac sur l'épaule et, sans un regard pour Irène, franchit la porte restée ouverte.

9.

– Irène, je peux entrer ? Je peux te parler cinq minutes ?

Sans attendre, Emmanuelle Brécourt se dirige vers le bureau. Elle porte encore sa blouse blanche.

– Je suis pressée. Je suppose que toi aussi… Je vais faire vite.

– Ne t'inquiète pas, je ne quitte jamais le collège avant dix-huit heures… Je t'écoute.

Au fond, elles auraient pu échanger en buvant un café à la récréation. Car même s'ils s'en défendent vivement, les professeurs parlent de leurs élèves à tort et à travers, à défaut de pouvoir s'exprimer chez eux le soir. Mais depuis qu'Irène travaille dans l'établissement, elle s'est à peine mêlée au groupe. *Et c'est sûrement mal vu*, pense-t-elle tout à coup, en songeant à sa réputation. Pourtant ce n'est pas dans ses habitudes. Elle aime foncièrement discuter de ses classes, des problèmes qu'elle rencontre, des réussites, aussi, parce qu'elles existent et qu'on les expulse spontanément au détour d'une conversation pour se motiver sous le regard de l'autre. Elle apprécie d'écouter le récit des week-ends, assez semblables aux siens finalement. Souvent, un élève toque à la porte de la salle des professeurs et c'est le soupir collectif. Lassitude générale qui signifie qu'on a le droit à une pause. « On ne peut pas être tranquilles ? » s'agace généralement l'un de ses collègues.

C'est elle qui se levait dans son ancien collège, répondant à l'enfant, déposant les devoirs dans les casiers. Elle servait le café, passait d'un échange à un autre, attribuait un sourire à chacun.

À présent, quand la sonnerie stridente retentit, elle presse les élèves pour ne pas perdre une minute ; elle laisse la porte entrebâillée et, alors qu'elle entend comme en sourdine leurs cavalcades dans l'escalier principal menant à la cour, elle remplit son cahier de textes numérique, vérifie les signatures dans les carnets des 3eB, sort un paquet de copies et corrige, corrige, corrige.

Ce soir, Emmanuelle est en colère. Irène devine, à son regard insistant et au carnet de correspondance qu'elle tient dans sa main, que sa collègue vient aborder le cas de Louise. Elle connaît cette émotion ; c'est la sienne, identique, quand la jeune fille abuse, provoque, désobéit aux règles établies. L'impression d'être inférieure à certains élèves lui est familière. Mais qui peut prétendre comprendre, excepté une autre professeure, cette sensation humiliante, ce sentiment de baisser la garde ?

Déroutés par des gamins de quatorze ans. Dans l'entourage d'Irène, on s'en moque, gentiment ou avec sarcasme, c'est selon. La dernière fois qu'elle s'est libérée de sa fatigue et de ses difficultés à gérer la classe – c'était un dimanche, chez ses parents, en septembre, on déjeunait dans le jardin – Iris lui a rétorqué qu'elle avait des vacances pour se reposer. Depuis, Irène n'a plus jamais abordé le sujet.

– Je n'en peux plus de Louise. Je n'en peux plus de ta classe d'ailleurs.

Ta classe. Comme si le professeur principal était responsable du bordel ambiant. Ces plaintes, Irène les a déjà entendues, elle ne compte plus le nombre de fois où l'on lui a reproché l'agitation de ceux que l'on appelle « ses » élèves. Mais cette fois c'est différent. Irène est à fleur de peau et cette remarque sonne comme une accusation. Elle le prend pour elle. Elle ne contrôle plus les larmes, l'oscillation des phalanges, l'ébranlement du corps à son insu. Emmanuelle fait le tour du bureau mais déjà, c'est trop tard, Irène sanglote comme une enfant. Elle pense à Maud qui se laisse si souvent aller, à ses joues chaudes. Alma, non. Plus tenace, la petite fille ressemble davantage à Antoine sur ce point.

Irène craque. Sa collègue a pris conscience qu'elle l'avait blessée et elle s'applique à la réconforter, paume abandonnée sur l'épaule.

– Je suis désolée Irène. Je ne t'accuse pas, au contraire, je cherche des solutions. On peut en discuter si tu veux, en trouver, ensemble…

– Tu savais, toi, que Louise avait perdu sa mère en sixième ?

Oui, Emmanuelle a vécu le drame de plein fouet : elle était la professeure principale de la 6eB, la classe de Louise. Elle a dû gérer l'après, le retour au collège, les regards en coin, les mines défaites. À l'époque, la fillette était « attachante ».

– Mais ce qu'elle a vécu ne l'excuse pas, martèle Emmanuelle. En ce moment, elle pète les plombs.

Irène voudrait lui dire qu'elle a parlé à Louise, seule à seule, qu'elle devine le drame qui s'est joué, la vie à bout de bras. En parler à Emmanuelle reviendrait à trahir la jeune fille. Et Irène semble avoir réussi à tisser un lien qui lui semble minuscule, certes, mais si mince soit-il, il a son importance. Elle espère qu'elle réussira à lui parler encore.

– Tu dois convoquer son père. Discute avec lui, fais-lui un peu peur. Ça ne peut plus continuer, même si elle a vécu le pire, elle contamine la classe. Je peux te soutenir et en parler aux autres si tu veux. Tu n'es pas seule Irène, chuchote-t-elle, en lui adressant un sourire sincère.

Irène sèche ses larmes, la remercie.

– En plus, il est bien son père, ajoute Emmanuelle avec un clin d'œil, en s'éloignant du bureau.

Qu'a-t-elle voulu dire ? se demande Irène, en rentrant chez elle. Elle a honte, tout à coup, de s'être laissée aller comme une jeune professeure ; elle va se reprendre, il faut qu'elle prenne du recul, qu'elle cesse de se sentir au pied du mur chaque fois qu'elle fait cours aux 3ᵉB. Pourtant, elle est loin d'être la seule à éprouver des difficultés à gérer cette classe : aux intercours, les professeurs se rencontrent par hasard, évoquent leurs problèmes au su et au vu de tous, négligeant de chuchoter. La porte de la salle des professeurs reste grande ouverte, comme si cette absence de discrétion leur conférait une puissance inédite. Dans ces moments-là, l'expression « erreur de casting » est employée pour évoquer Louise. À Irène, cette stigmatisation paraît violente, déplacée. Oui, Louise perturbe la classe, attire sur elle tous les regards, n'ouvre pas son sac le soir. Non, la jeune femme ne sait pas non plus comment faire. Mais elle n'est pas d'accord avec ces jugements abrupts. Elle n'est pas d'accord, mais pour l'instant, elle est nouvelle et donc elle se tait.

10.

Au-dessus du tas de copies, Irène s'est redressée, a posé son stylo ; à travers la cloison, elle a écouté l'histoire d'Annie, une voyageuse qui fait le tour de la terre pour dénicher l'endroit rêvé, mais qui finit par retourner dans son village natal. Irène connaît l'album sur le bout des doigts ; elle le leur a tant lu. Bien qu'elles soient capables de lire des romans, les fillettes réclament ce moment de lecture à voix haute.

– Bonne nuit mes princesses. Au lit.

Les faire dormir ensemble n'a jamais posé de problème. Au contraire. Bercées par le chuchotement de l'une ou de l'autre, elles finissent par s'assoupir, la porte à demi fermée, encore rassurées par la présence d'une veilleuse au bout du couloir.

Antoine pénètre dans leur chambre plongée dans la pénombre. Un tableau en clair-obscur, les murs en demi-teintes, Irène penchée sur ses devoirs.

– C'est quoi ? lui demande-t-il en s'approchant.

– Une interro de conjugaison. Les verbes impersonnels. Ils se sont encore ramassés.

Elle ne s'est pas retournée. Antoine passe la main dans son dos, caresse la laine du pull qui gratte. Le corps se raidit malgré le désir flou. Depuis combien de temps ? Combien de mois désormais, sans la main âpre et puissante sur sa peau nue ? Combien de nuits sans se recroqueviller contre le dos de l'autre ? Maud et Alma ne peuvent dormir seules, mais eux ? Le pourraient-ils ?

– Tu as dîné ?

– Oui. Une part de quiche lorraine. Il en reste, si tu veux.

– J'arrive, je termine un truc.

– Tu bosses trop, Irène, lui reproche-t-il, refermant la porte avec précaution.

Elle n'a jamais autant travaillé.

11.

– Irène, vous avez une minute ?

Le directeur passe la tête dans l'entrebâillement de la porte. Elle se lève, mue par un réflexe enfantin.

– Oui, oui, absolument, entrez, répond-elle du fond de la classe.

Son bégaiement démasque sa nervosité. C'est un homme d'une cinquantaine d'années. Dans la cour de récréation, qu'il traverse d'un pas assuré, on remarque le dos et les épaules bien droites ; le sourire qu'il arbore et offre à ses interlocuteurs compense l'air soucieux qui ne semble jamais le quitter.

– Je vous observe Irène, vous semblez fatiguée... Éreintée, même. Nous ne sommes qu'au mois d'octobre... Ne vous épuisez pas. La 3^e^B est difficile. Sachez simplement que j'en suis conscient. Mais vous avez d'autres classes... Il faut savoir faire la part des choses.

Il ne croit pas si bien dire, songe Irène en le détaillant. Il est resté debout, lui faisant face, les mains derrière le dos. « Le terrible des morts, c'est leurs gestes de vie dans notre mémoire. Car alors, ils vivent atrocement et nous n'y comprenons plus rien. » Albert Cohen résonne en elle. Irène comprend pourquoi M. Minet lui a paru sympathique au premier abord. Il a des manies de son grand-père. Repenser à son aïeul, parti vingt ans plus tôt, lui pince un peu le cœur.

– Il y a quelques élèves perturbateurs : Louise, bien sûr, et Johanna, et quelques garçons. Je les ai séparés, j'ai mis des mots dans les carnets, donné des punitions – qu'ils ne font pas. Rien à faire, ils continuent de bavarder... De se moquer de moi, ajoute-t-elle dans un souffle.

Elle n'en revient pas de la facilité avec laquelle elle se livre. Elle enchaîne.

– Mes collègues se plaignent de ma classe. J'ai la sensation que c'est ma faute.

– Ça ne l'est pas, chère Irène. Le pire serait de culpabiliser. Au contraire, il faut trouver l'énergie pour avancer, coûte que coûte ; je vous propose une réunion avec les professeurs de la classe pour mettre au clair les points bloquants. Jeudi prochain à l'heure du déjeuner, cela vous convient-il ?

– Oui, monsieur Minet. Vous avez raison. Une réunion. C'est une très bonne idée.

Elle ajoute, comme une enfant prise en faute :

– Je n'y avais pas songé.

– Il faut les mener jusqu'au brevet ces petits !

Il franchit la porte, maugréant entre ses dents.

La solitude accable Irène d'un seul coup. *Il en parle comme s'ils étaient inoffensifs,* pense-t-elle, *mais ce n'est pas lui qui fait cours.* Pas lui qui les a en face, pendant cinquante-cinq minutes, dans le bruit incessant des stylos – faire claquer les quatre-couleurs le plus vite possible est devenu leur jeu favori –, dans les répliques cinglantes qu'ils se lancent au visage, ou parfois, et c'en est presque plus impressionnant, dans le silence total et leurs visages réfractaires. On lui a appris en formation le principe de la « classe inversée » : les élèves doivent se familiariser avec le cours à la maison, et le lendemain, exprimer leurs difficultés en groupes, afin d'obtenir une aide personnalisée. Elle a l'impression qu'un gouffre existe entre ce qu'on lui enseigne et ce qu'elle vit, ce qu'elle expérimente au quotidien avec *eux*. La classe inversée est loin de fonctionner, puisque beaucoup ne font pas leurs devoirs, n'ouvrent pas leurs sacs chez eux. Ils se contentent du minimum.

Un matin, elle écrit dans le carnet de liaison de Kyllian : « Dort en classe. » Elle barre le « Dort », écrit « Ronfle ». Elle pense qu'elle pourrait en rire si elle n'était pas si fatiguée.

*

– Irène, c'est Isabelle au téléphone... Je te la passe ?

Elle a osé.

Appeler sur le portable d'Antoine parce qu'elle ne répond plus aux messages. Elle acquiesce, dans un soupir las, retire le téléphone des mains de son mari qui l'observe avec étonnement. En passant dans le couloir, devant la porte de la chambre des jumelles, elle perçoit le chuchotement de Maud :

– C'est Mamie au téléphone. Tu vas voir, elles vont encore se disputer !

Impossible de cacher quoi que ce soit. Depuis quelques années, leur relation se détériore. Irène lui en veut d'être intrusive. Isabelle l'a toujours été, mais fut un temps où cet aspect de la personnalité de sa mère ne la dérangeait pas ; ou alors elle s'y était habituée. En prenant de l'âge, on dirait que ce défaut s'accentue et, après le mois de juillet passé en colocation, Irène ne supporte plus Isabelle. Bien sûr, elle aurait désiré une relation fusionnelle avec elle, et puisqu'elle était l'aînée, elle aurait pu l'obtenir ; mais c'est Iris qui a accueilli cet amour indomptable.

Passée l'adolescence, Irène a senti le vent tourner. Pourtant, c'était elle la plus réfléchie, la raisonnable. Tandis qu'Iris multipliait les frasques quitte à se faire engueuler tous les soirs, Irène passait dans le couloir, pauvre fantôme à qui l'on ne reprochait rien. *Ne pas les accabler davantage,* voilà ce qu'elle se promettait quand l'envie de claquer une porte la démangeait. « Elle ne fait pas de crise d'ado ! » répétait Isabelle à qui voulait l'entendre. Mais Irène se demandait toujours s'il fallait comprendre l'exclamation comme un reproche ou comme un compliment. Après les disputes, et lorsqu'Iris lui en autorisait l'accès, elle se faufilait dans sa chambre et consolait sa sœur.

– Heureusement que ton mari répond au téléphone, lui ! s'écrie Isabelle avant qu'elle ne prononce un seul mot.

– Je n'ai pas le temps, Maman. Depuis la rentrée, je n'arrête pas une minute.

– Tu exagères Irène. Tu exagères toujours. Depuis votre emménagement, je ne vous vois plus.

– On viendra ce week-end, lâche-t-elle.

– Attends, ne raccroche pas. Qu'avez-vous prévu pour Noël ?

Chaque année l'interrogatoire se répète. Avant les vacances de la Toussaint, avant que le ciel ne se charge de nuages noirs et alors que l'automne est bien entamé, Isabelle s'inquiète de savoir si elle aura ses filles pour le réveillon. Bien que ni Iris ni Irène ne songent à déroger à la tradition, leur mère a besoin de se rassurer : il lui faut ses enfants autour de la table familiale.

– Comme d'habitude, Maman. On sera là le 24 au soir, souffle Irène dans le combiné.

Comme d'habitude, répète-t-elle, comme pour elle-même, alors qu'elle a déjà raccroché.

12.

Elle le reconnaît tout de suite, tant la ressemblance est frappante : même corps longiligne, même menton saillant, mêmes épaules creuses, même couleur de cheveux, un blond vénitien, yeux verts, similaires. Il porte une chemise à carreaux noirs, retroussée aux manches et un jean clair. Il est en avance de dix minutes. Emmanuelle n'a pas menti. Il est beau. Il tient la main d'un petit garçon de cinq ou six ans.

Irène n'a pas le temps de lui dire d'entrer, la voix essoufflée de M. Minet se fait entendre du bout du couloir. On dirait qu'il lui a couru après.

– Monsieur, il fallait passer au bureau, les rendez-vous se font désormais dans la salle de réunion, on ne vous a pas prévenu ?

D'un signe de tête, le père de Louise fait comprendre à Irène qu'elle n'y est pour rien : il ne s'est pas présenté au secrétariat. Le petit garçon sage au bout de la main commence à se tortiller sur lui-même.

– Papa, je dois faire pipi, murmure-t-il, impressionné.

– Je vais vous indiquer les toilettes, dit Irène en s'avançant vers eux.

Il est écrivain. Sur la feuille de rentrée, Louise avait répondu « rédacteur » à la question « Métier des parents ? » Elle avait pensé qu'il était journaliste. En attendant le père et le fils dans un bureau exigu, M. Minet confie à Irène qu'il a lu son dernier livre.

– Un polar, précise-t-il.

– C'est rare, aujourd'hui, de gagner sa vie en tant qu'auteur, répond Irène.

– Vous ne croyez pas si bien dire. Il publie beaucoup. Un livre par an, en moyenne. Mais depuis quelques années, ajoute-t-il sur le ton de la confidence, ce qu'il écrit est de plus en plus sombre… Il faut s'accrocher.

Quand ils entrent tous les deux, Irène voit que le petit garçon a pleuré. Il a les yeux rouges, le regard lourd.

– Excusez-moi. Je ne vais pas rester longtemps. Sasha s'est oublié, c'est récurrent en ce moment, dit-il en passant ses doigts dans les cheveux blonds de l'enfant.

En les regardant, Irène pense que de cet homme émane un respect, une attention pour son fils qu'il doit s'efforcer de cacher dans ses romans. Elle imagine que son passé ne lui laisse pas le choix, d'exorciser ses démons, ses pots cassés sur la page intacte. Comme une déflagration dans une chambre vide.

C'est peut-être parce qu'il désire s'en aller rapidement que c'est lui qui commence, lui qui ne leur laisse pas le temps de prononcer les banalités d'usage, lui qui entre dans le vif du sujet comme on brandit la pointe d'un couteau sous la gorge.

– Louise est insolente et puérile. J'ai lu et j'ai signé tous les mots de son carnet de correspondance. Elle ne va pas bien… Je ne lui donne pas d'excuse, mais depuis cet été, elle change, elle se cherche, c'est l'adolescence dans toute sa splendeur. On en fait les frais tous les soirs, tous les week-ends, termine-t-il en caressant la nuque de Sasha.

– Avez-vous essayé de… l'emmener voir quelqu'un ? tente M. Minet.

– Elle voyait une hypnothérapeute depuis la mort de ma femme. En juillet, elle n'a plus voulu y aller. Je respecte son choix. Mais elle a besoin de se confier. Elle m'a parlé de vous, dit-il doucement en se tournant vers Irène.

– De moi ? parvient-elle seulement à articuler.

– Oui. Elle vous estime beaucoup, vous savez.

Non elle ne sait pas. Louise fait son numéro à chaque cours de français.

– Elle vous apprécie. Elle vous trouve juste. Et venant de Louise, c'est un sacré compliment, ajoute-t-il en la regardant droit dans les yeux.

Personne ne m'a regardée comme cela depuis bien longtemps, pense Irène.

Elle sent qu'il a quelque chose à lui demander. Quelque chose d'important. Elle sent qu'il a répété. Et elle sait qu'elle lui dira oui. Qu'on ne peut rien refuser à un homme qui a perdu sa femme.

– Qu'attendez-vous de moi ? Je lui ai parlé… un peu. Elle est venue me voir. Elle m'a dit pour votre épouse, ajoute Irène, en baissant les yeux.

Le chagrin des autres ne se partage pas, a-t-elle appris. Appris d'où ? Mais d'elle-même. La colère est contagieuse, à l'image d'une balle de ping-pong qu'on a hâte de renvoyer.

Irène et Antoine connaissent bien ce jeu pour l'avoir expérimenté des nuits entières, pour s'accuser l'un l'autre ou soi-même, pour trouver le coupable, une raison valable, et pour mettre un terme à leurs cogitations nocturnes. La culpabilité est plus sournoise encore. Elle se glisse tel un serpent, rampe le long du corps pour toucher au cœur et vous rappeler à quel point vous êtes en tort.

« MSN » leur avait-on dit très vite. « MSN » comme une évidence, une étiquette. Ce jour-là, Antoine avait regardé le médecin avec fièvre, lui qui n'avait pas dormi, il allait devenir fou, il allait le plaquer, là, sur le mur immaculé du couloir des urgences pédiatrique, il allait finir en prison et Irène aurait perdu sa fille et son mari. Mais non. Le médecin avait articulé « mort subite du nourrisson » et Antoine s'était calmé, s'était rassis sur le banc, cherchant une cigarette. « Non monsieur Latellier, il est défendu de fumer ! » lui avait-on crié. Mais bon Dieu, on ne peut pas fumer dans un lieu public, dans un hôpital, on devrait pouvoir le faire en cas de force majeure, il venait de perdre son bébé !

Alors la colère, oui. La honte, encore. Mais le chagrin, non. Il ne se partage pas. Reste tapi à l'intérieur.

– J'aimerais que vous la laissiez vous écrire.

Le cœur d'Irène bondit dans sa poitrine. Elle n'a dit à personne que Louise avait tenté de discuter avec elle *via* son profil Instagram. M. Minet la regarde avec insistance.

Il reprend.

– Je sais que se confier à un professeur n'a rien d'anodin. Quand Louise m'en a parlé, je me suis montré catégorique. Et puis, j'ai réfléchi, vous savez. J'ai pensé que vous pourriez lui apporter du réconfort. Venant d'une adulte.

Irène est prête à dire « non ». Elle sent les yeux de M. Minet sur elle. Il ne dit rien alors que c'est son rôle, de mettre un terme à la conversation, de freiner l'idée du père de Louise, qui n'est pas du tout une bonne idée. Elle voudrait clore le rendez-vous mais l'homme n'a plus l'air d'être pressé de partir. Sasha joue avec la pointe d'un stylo, le regard absent.

– Elle n'a pas beaucoup d'amis. Je suis son seul référent. Acceptez d'entendre ce qu'elle a à vous dire.

Un silence s'abat sur eux. Dehors, le chantier de l'école produit un vacarme assourdi par le double vitrage, mais Irène a l'impression d'être en huis clos. Pourquoi M. Minet ne dit-il rien ? Elle commence à comprendre. Ils en ont parlé avant, c'est évident. Un coup de téléphone, peut-être. Hier, ou ce matin. Et maintenant ils attendent sa réponse. Irène ne songe qu'à se protéger. Elle sait que les échanges personnels entre un professeur et un élève sont défendus. Elle se demande même si c'est légal.

En même temps, elle a envie d'aider cette gosse.

– À une condition. Je vais créer un profil où Louise pourra m'écrire. Hors de question de donner mon numéro de téléphone personnel.

– Bien sûr. J'allais vous le suggérer, répond-il précipitamment.

Ses yeux expriment la gratitude.

– Je veux bien l'écouter, la conseiller…

– Comme vous le faites avec Élia depuis quelques semaines.

Irène reprend son souffle. La collégienne a parlé à Louise, c'est évident. Elle se sent coincée. Lorsqu'Élia lui écrit, elle lui remonte un peu le moral. Cela a commencé par une invitation sur Instagram, un message de remerciement. « Merci pour tout à l'heure, pour m'avoir écoutée, je vais faire de mon mieux au collège. »

– Bien, coupe M. Minet. Alors, c'est conclu.

C'est conclu. Louise écrira à Irène et elle lui répondra. Elles entameront une conversation privée. En repartant, Sasha lui lance un regard malicieux auquel elle répond par un sourire forcé.

Le soir même, un message l'attend sur son nouveau profil.

« C'est Louise. Mon père m'a dit qu'on pouvait s'écrire. Merci. »

Irène n'a pas les codes. Elle laisse passer des semaines avant de répondre à des amies qu'elle ne voit plus. Seule Iris, à qui elle écrit tous les soirs, la connaît intimement. Après la mort de Solène, Irène s'est effondrée dans les bras de sa sœur. Elle a eu besoin d'un corps féminin pour faire disparaître sa peine.

Quand Louise lui écrit ce soir-là, Irène rédige et appuie sur le bouton « envoyer » sans réfléchir.

Il ne s'est pas passé cinq minutes.

13.

Dans la salle d'attente du médecin, à la sortie de l'école, sur le banc de l'aire de jeux, elle dit : « J'ai trois enfants. »

Et parfois elle voudrait leur claquer au visage, à Louise-Johanna-Hugo-Maël, que Solène est morte il y a quatorze ans mais que rien n'a changé, comme si le temps s'était figé et que tout, absolument tout, est à la même place, qu'elle souffre tant que son quotidien est en train de se casser la gueule, que les jumelles paient le prix de la souffrance et du mutisme, que sa relation avec Antoine lui file entre les doigts. Elle voudrait leur confier ses débuts, juste après l'accident ; ses hurlements stridents, en classe, parce qu'il a fallu reprendre les cours au collège. Elle voudrait dire sa patience effritée, ses larmes sans crier gare, ses tremblements irrépressibles. Pour qu'ils se taisent enfin. Pour qu'ils la respectent, elle, et son chagrin qu'elle porte comme son cartable rouge les jours de classe.

Elle se demande s'ils seraient compatissants, apitoyés. Elle se demande si ça *vaudrait le coup*.

Irène écrit : *Ma toute petite. Tu es partie à six jours de vie, comme par enchantement ; tu t'es enfuie si vite, l'instant d'après, tu n'étais plus.* Elle fait une pause. Reprend. *Je ne sais pas si tu observes chacun de nos gestes, et si tu nous juges ; si tu sais que ton papa a fait son deuil, comme on dit, mais que ta maman n'y parvient pas, qu'elle est horriblement malheureuse et que tes sœurs n'y changent rien.* Elle rature cette partie. Recommence. Cesse d'écrire. Referme le cahier en cuir, le glisse dans son sac à main.

À chacune des thérapeutes auxquelles elle a raconté son histoire, à mesure que la tragédie passait ses lèvres, elle avait l'impression que le récit, ce qui leur était arrivé, n'avait plus de consistance, plus de forme, plus de réalité. Le vécu se dégonfle tel un ballon de baudruche. C'est l'histoire de tout le monde, c'est arrivé à tant d'autres, et ça ne la rend pas moins triste, pas plus facile à supporter. On lui a proposé des conseils, identiques pour toutes celles et ceux qui avaient *perdu un enfant*, et elle aurait voulu des solutions personnelles. Elle est allée aux réunions. Elle n'y a trouvé aucune consolation, si ce n'est qu'elle a pleuré davantage en écoutant les autres histoires. Elle a abandonné quand elle s'est aperçue qu'elle comparait les drames. On ne mesure pas un chagrin à son récit. *On ne mesure pas un chagrin du tout, d'ailleurs,* s'était-elle dit, dans la moiteur d'une fin d'après-midi de juin, après avoir scotché le dernier carton contenant la layette de Solène.

Ils avaient mis six ans à concevoir un autre enfant. La vie leur en avait donné deux, deux filles pareilles, comme une seconde chance. Au terme de la deuxième échographie, à Antoine qui l'attendait sur le parking en fumant roulée sur roulée, elle avait annoncé, de but en blanc :

– Il y a deux fœtus. Des jumelles.

Des larmes roulaient sur les joues du futur père, qu'elle aurait désiré prendre dans ses bras, à qui elle aurait voulu offrir un verre, avec qui elle aurait désiré faire l'amour, pour « fêter ça », comme tous les futurs parents normaux. Eux ne l'étaient pas, mais ce n'était pas bien grave, elle aurait pu se comporter comme cela, mimer la ressemblance avec un couple épanoui.

Ce qui l'a empêché de le faire c'est cette pensée, qui lui est venue comme une ombre : *Au moins, si l'une meurt, il nous restera l'autre.*

14.

– Gaétan, tu es prêt ? C'est ton tour aujourd'hui.

27 novembre. Onze heures trente. L'adolescent se lève péniblement, son livre serré entre les mains. Ses kilos en trop l'empêchent de se mouvoir, de se fondre dans la masse. La classe est étroite, les tables rapprochées, et son regard supplie les autres de le laisser passer sans faire d'histoires. Ce matin, il va lui falloir du cran : Irène leur a demandé de présenter un roman à l'oral. « Non pas une bande dessinée, ni un manga », a-t-elle rétorqué, avec une patience rare, à ceux qui lui ont posé la question. « Un roman, avec une intrigue solide, des personnages attachants, des paragraphes, des chapitres. Des pages, beaucoup de pages ! » Face à leurs mines décomposées, elle avait cru bon de plaisanter.

Depuis qu'elle enseigne, elle s'efforce de partager sa passion des livres. Son mémoire, « Comment transmettre le goût de la lecture à des collégiens ? », avait obtenu la mention très bien. Elle avait un plan : faire lire des œuvres classiques en classe, les plus difficiles à comprendre et à analyser, et prendre les élèves par la main, quitte à les guider à outrance, quitte à leur décortiquer le cheminement de la pensée de l'auteur. Sur ces textes-là, Irène les interroge sans demi-mesure. Mais à la maison, elle les imagine lire le soir avant d'aller dormir, alors elle cherche des romans de littérature jeunesse qui pourraient leur faire *plaisir*, elle puise sur les blogs des auteurs, sur Instagram et Facebook des lectures « faciles », « passionnantes », « coup de cœur », se fie aux journalistes et aux critiques. Elle les lit avant, bien sûr, proteste quand un collègue lui confie en riant qu'il a donné un roman sans même l'avoir ouvert. Cela lui paraît impossible.

Gaétan commence, d'une voix à peine audible, et les autres l'incitent à parler plus fort « sinon on n'entend rien dans le fond ». Il a les pommettes rouges et les aisselles mouillées. *Courage, Gaétan,* encourage Irène mentalement, cherchant le regard du garçon aux cheveux bruns qui a laissé sa casquette sur sa chaise. Ses genoux tremblent au-dessus de ses lacets défaits dans un état de tension nerveuse proche de la panique. Il se balance de gauche à droite, crispé, les mains agitées de trémulations, froissant la feuille où il a noté son exposé. Il peine à se relire, écorche les mots. On n'y comprend rien.

– Recommence, Gaétan ; les autres, prenez des notes !

Après le chahut, le calme revient. Irène écrit et écoute en même temps qu'il reprend son souffle, qu'il repêche sa confiance en lui. Il a choisi *Mémé t'as du courrier* de Jo Hoestlandt. « Je l'ai eu à la bibliothèque », explique le collégien. Tous se laissent porter par l'histoire simple d'Annabelle qui a le même âge qu'eux, au début de l'ère d'Internet. Gaétan a fait des efforts, c'est bien rédigé, même s'il ne peut détacher les yeux de son support écrit. Pour cet exercice, Irène leur a conseillé de s'entraîner à la maison « devant vos parents, vos grands-parents, vos frères et sœurs ou vos amis… », pour que la prestation soit fluide. Il relève la tête. Il dit « Voilà. C'est fini. »

Il a tenu trois minutes cinquante-cinq, sans regarder ses camarades.

Ils l'applaudissent, Hugo tente un « Hip hip hip », Irène crie « Silence ! » et lui demande ses notes.

Gaétan s'est rassis, la casquette écrasée sous les fesses, le papier à grands carreaux en boule à présent, caché dans la main.

– Donne-moi tes notes, s'il te plaît, je voudrais y jeter un coup d'œil.

Il rougit.

– Vous arriverez pas à lire mon écriture, répond-il, sourcils froncés, sans baisser les yeux.

Face aux copains tout à l'heure, seul sur l'estrade en bois, il n'a pas osé s'affirmer, il n'était pas dans son élément ; mais maintenant qu'il a regagné sa place, qu'Oriane, Ambre, Thomas et Hugo l'entourent comme un rempart, il ne se laisse pas démonter.

– J'ai pas envie de vous les donner, c'est pareil que ce que j'ai dit à l'oral, continue-t-il, poings serrés sous la table.

– Madame c'est bon, laissez-le tranquille, il l'a bien fait son exposé !

C'est rare qu'elle intervienne, surtout pour défendre un camarade. Louise fixe Irène de son regard implacable, de ses yeux vert d'eau. Aujourd'hui, les cheveux sont détachés et elle porte un pull noir moulant, échancré dans le dos. Irène n'a pas osé lui demander d'aller se changer, ni d'enfiler une veste de sport comme elle l'aurait réclamé d'une autre fille de la classe. Elles sont liées, désormais, par un pacte qui touche à l'intime. Depuis quelques semaines, elles s'écrivent. En secret.

Le contenu de leurs échanges tourne autour du quotidien de Louise, de son père qu'elle adore « mais qui déprime sec », de son petit frère « qu'elle se doit de protéger maintenant que Maman n'est plus là ». Sous ses airs hautains, Louise est apparue à Irène comme une jeune fille maladroite et fragile. Elle sent que celle qui lui écrit tard le soir diffère de la collégienne avachie sur sa chaise, maigre jeune fille blonde au vernis noir, rongé, écaillé. Une Antigone moderne, plus jeune et plus vulnérable.

– Ouais, laissez-le tranquille un peu, il l'a fait son exposé !

Johanna s'en mêle. Ça dégénère. Irène s'efforce de maîtriser l'exaspération qui enfle en elle comme une voile de bateau les jours de grand vent. Pas d'humeur à se laisser marcher sur les pieds. Elle s'avance, en frottant ses paumes contre son jean, vers Gaétan qui n'a pas desserré les poings, un pas après l'autre, doucement, pour laisser la colère retomber, pour avoir le dessus, elle laisse traîner sa main contre les tables, surtout ne pas flancher, et elle lui dit, tout bas, entre ses dents, d'une toute petite voix qu'elle ne reconnaît pas :

– Tu me donnes cette putain de feuille ou je te colle trois heures.

La 3ᵉB est sortie dans le silence qui succède aux batailles. Les chaises en désordre laissent penser qu'ils n'ont pas demandé leur reste. « Elle est vraiment folle Latellier, elle dit des gros mots maintenant ! » chuchote Oriane en passant la porte, assez fort pourtant pour qu'Irène l'entende.

Elle ne dit rien. Elle est assise sur le bureau, fesses en équilibre. Elle les regarde partir sans les voir, puis elle déplie la feuille que Gaétan lui a tendue sans dire un mot, effaré.

Malgré les erreurs de copie, Irène confirme le pressentiment qu'elle a eu quand Gaétan peinait à lire son résumé : il a tout pompé sur Internet. Même l'avis personnel, elle le vérifiera ce soir, est extrait d'un blog d'internautes.

À quoi bon, pense-t-elle, tout haut, *désirer leur progression, préparer des activités intéressantes, corriger tous les week-ends, s'ils n'y mettent jamais du leur et me roulent dans la farine, me prennent pour la dernière des idiotes ?*

– Ça fait partie intégrante du métier, ma belle…

Emmanuelle est entrée sans frapper. La réunion ! Irène l'a presque oubliée. Sa collègue la prend doucement par le bras, l'aide à ranger ses affaires. « Ces questions-là, on se les pose dix fois par jour. Mais ce qui compte, un matin, c'est de revoir un élève de vingt ans, qui te remercie parce qu'il a poursuivi ses études, parce qu'il a eu son brevet et son bac, et qu'il part à l'étranger, en Espagne ou en Argentine, faire un Erasmus, grâce à *toi,* grâce à ta morale qui ne pèse pas bien lourd et te semble dérisoire aujourd'hui, mais plus tard, oh, bien des années plus tard, ils te font un clin d'œil quand ils te croisent dans la rue, certains s'arrêtent pour te parler, demander des nouvelles du collège, des profs, du directeur, des dames de la cantine, et là, tu sais au fond de toi que tu as gagné. »

Elle a le même discours que les grands pontes de l'Éducation nationale et des formateurs. Irène n'y croit plus. Elle n'a pas le cœur de la contrarier. Elle suit Emmanuelle dans le couloir vide, où résonne la clameur des enfants de la maternelle, de l'autre côté du mur de la cour.

– La réunion n'a pas donné grand-chose…

Les yeux fixés sur le bitume, Antoine enclenche les vitesses, écoute Irène d'une oreille distraite. Lui aussi semble absent au monde qui l'entoure, imperméable à leur conversation, sur le trajet qui les mène à l'école des jumelles. Ils ont rendez-vous avec la maîtresse d'Alma. Irène a un mauvais pressentiment. Ce n'est pas courant de convier des parents à un rendez-vous, une semaine avant les rencontres officielles parents-professeurs. Elle ne dit rien à Antoine de son trouble, préfère parler d'autre chose.

– Ce midi, j'avais l'espoir de compter sur mes collègues : je pensais qu'ils se ligueraient, par solidarité, qu'on affronterait ensemble « les terribles de la 3ᵉB », comme ils les appellent en salle des profs, mais, tu vois, non, cela a déjà l'air d'une affaire classée alors qu'on n'est qu'en novembre, je suis restée assise sur ma chaise, transparente entre eux quatre… comme une petite fille, ajoute-t-elle, à mi-voix.

Emmanuelle a tenté de faire corps avec elle, en pure perte : « Que met-on en place pour aider Irène ? Qu'est-ce qu'on fait pour gérer les débordements ? »

Mathieu, Geneviève et Catherine ont évité le regard d'Emmanuelle et la silhouette d'Irène. Ils se sont regardés et Catherine a pris la parole :

– Écoute Emmanuelle, on a assez de problèmes comme ça dans nos cours, les 3ᵉB sont horribles, d'accord, bien sûr, il faut attendre la fin de l'année.

– Ma pauvre Irène, tu vas devoir prendre ton mal en patience. J'en ai eu certains l'an dernier, j'étais leur professeur principal. Il n'y a rien à faire ! a poursuivi Mathieu.

Elle voulait une équipe soudée, puisque c'est leur métier.

Elle a compris qu'il fallait qu'elle se batte. Seule.

Elle n'a pas voulu de leur pitié.

À treize heures trente-cinq, avant de reprendre, Emmanuelle lui a soufflé qu'elle ne l'abandonnerait pas. Elle pourrait au moins compter sur elle.

15.

Noir c'est noir, il n'y a plus d'espoir. Cette foutue rengaine dans la tête alors que l'institutrice de CE1 leur explique qu'Alma ne semble pas aller très bien. Ce n'est pas la première fois qu'on les alerte sur le comportement de leur fille ; quand elle avait trois ans, la fillette a cessé de parler du jour au lendemain. Ça a duré des mois. Le mutisme de sa sœur ne dérangeait pas Maud, qui paraissait la comprendre. Alors elle a parlé pour deux : elle avait pris l'habitude, comme dans une pièce de théâtre, de prononcer le prénom de l'une ou l'autre avant de commencer ses phrases, comme si elle était double, et Alma acquiesçait naturellement à tout ce qu'inventait sa sœur, et Irène et Antoine de coopérer, croyant que répondre aux caprices des filles contrecarrerait la dépression, puisque c'est bien de cela qu'il s'agissait, *une dépression*. À trois ans. Elle venait de rentrer en maternelle.

– Votre fille est très douée, bien sûr, elle lit de manière fluide, écrit de petites histoires, compte jusqu'à cent, rassure la professeure devant les moues déconcertées d'Irène et d'Antoine, qui savent qu'on commence souvent par le positif, pour temporiser.

– En revanche… Alma s'exprime peu, refuse de participer aux ateliers de groupes… Elle se montre parfois agressive avec ses camarades, explique-t-elle en tripotant sa frange, gênée. Tout se passe bien à la maison ?

La question les désarçonne, les prend en otage. Ils n'osent plus se regarder. *Où sont-ils ? À un rendez-vous parents-professeure ou à une séance de thérapie familiale ? Qui est-elle pour mettre le nez dans leurs affaires ?* Irène bouillonne mais se tait. Elle compte sur Antoine pour dédramatiser, rassurer, conclure. Elle compte tellement sur lui, tout le temps, surtout dans ces moments de faiblesse et d'embarras, que cela en devient vertigineux, comme si elle n'osait plus s'imposer. Antoine dédramatise, rassure, conclut. Oui ils ont remarqué qu'Alma se comporte de manière étrange, non tout va bien chez eux, oui ils ont perdu une petite fille, Solène, il y a quatorze ans, non ils ne savent pas encore si le comportement d'Alma est lié à ce drame, oui elle a fait des séances de psychothérapie, non ils n'ont pas repris les séances, ils ont déménagé. Oui ils vont essayer de trouver quelqu'un d'autre.

Irène a senti ses jambes fourmiller. Il fallait partir, tant pis si on avait l'air impolis. Ils se sont levés d'un commun accord, serrant la main de celle qui venait de pointer du doigt la face sombre de leur quotidien.

« Noir c'est noir, il n'y a plus d'espoir », fredonne Irène dans la voiture, comme un pied de nez à la réalité qu'ils endurent.

– Arrête avec cette chanson.

Antoine conduit avec des gestes brusques, et Irène doit se raccrocher à la poignée. On dirait qu'il prend un malin plaisir à faire balancer son corps de gauche à droite.

– Ralentis, tu me fais peur.

– C'est bon, on arrive, détends-toi.

Mais Irène n'en est pas capable. Elle en a trop entendu ce soir, elle en veut à la maîtresse des jumelles ; elle est sur la défensive, elle veut provoquer Antoine, elle veut parler de sa fille.

– C'est grave, tu penses ? À l'âge d'Alma, rester muette, observatrice, ne pas se mêler aux autres ?

– Je ne sais pas, soupire-t-il. On a l'habitude. C'est son caractère, depuis toujours.

– C'est la première fois qu'on est convoqués pour parler de son comportement.

– C'est normal, Irène, c'est la procédure. Au collège, lorsqu'un élève te pose problème, tu appelles ses parents, non ?

Mais cette fois, Irène était assise de l'autre côté du bureau, écoutant les remarques négatives qui sortaient de la bouche d'une institutrice expérimentée. Elle n'avait pas le contrôle sur la situation.

– Oui. Tu as raison. Tu as toujours raison, ajoute-t-elle, dents serrées, en sortant de l'habitacle.

C'est si difficile, pense-t-elle, *de parler avec lui. Il évite les sujets importants. Il préfère se taire quand il sent que cela va dégénérer. Il a toujours le dernier mot.*

Anaïs, la baby-sitter, les accueille avec un sourire immense.

– On a fait les devoirs, elles ont presque fini de manger !

Irène la remercie, plonge sa bouche dans les cheveux emmêlés de Maud, puis dans les boucles d'Alma, qui cherche désespérément le regard de sa mère. Elle sait qu'ils ont eu rendez-vous avec la maîtresse pour évoquer son attitude à l'école.

– Ne t'inquiète pas ma chérie. On en discutera demain matin.

Alors qu'elle accroche son imperméable au portemanteau, elle surprend Antoine, ses yeux sur les fesses d'Anaïs moulées dans un jean noir. La douleur la percute mais elle ne dit rien, accuse le coup, suit les jumelles dans leur chambre ; ce soir, elle a besoin de sentir deux souffles chauds au creux de son cou.

Elle sait qu'Antoine ne la trompera pas. C'est un homme intègre, bourré de principes. Mais elle sait aussi que lui résister, c'est-à-dire lui refuser son corps, a fait de lui un homme éconduit, impuissant, faible. Et que le cliché d'un homme se retournant sur le profil d'une jeune femme n'en est pas un. Elle a enlevé ses chaussures, s'est roulée en boule derrière le dos tout chaud d'Alma. Irène essuie une larme, fiche son visage dans l'oreiller.

16.

– Elle te voit déballer le carton trois fois par an, elle t'observe pleurer sans bruit, elle effleure du doigt la photographie sur ta table de chevet.

Antoine l'attend dans le salon, les mains sur les genoux, comme pour se calmer. Anaïs est partie depuis une heure. *Il a bu*, constate Irène, *il a bu pour se donner du courage.*

– Elle ne supporte plus d'être celle d'après.

Il continue sa litanie, comme pour lui-même mais c'est à Irène qu'il s'adresse, yeux dans les yeux, pour une fois. Il l'accuse. D'être la source du mal-être d'Alma, d'en être responsable, et il insiste sur ce mot, *responsable*, qui rime avec coupable, coupable de crever de chagrin depuis quatorze ans, coupable de n'avoir pas pu enterrer leur fille, coupable de ne pas avoir fait son deuil. Et lui ? Comment en est-il venu à bout, *je t'en prie, explique-moi, prends-moi sur tes genoux, comme avant, comme des adolescents, caresse-moi la nuque, montre-moi le chemin, comment on vit encore après, après ça ?*

– Maud est plus forte, plus déterminée ; Alma est comme toi, sensible, anxieuse. Elle ne parvient pas à être heureuse et tu ne lui facilites pas la tâche.

La violence des mots d'Antoine l'atteint moins parce que c'est inhabituel mais parce que c'est vrai. Tout est vrai. Elle a beau se planquer pour ressasser, avec des haut-le-cœur, les premiers instants de Solène, ni Maud ni Alma ne sont dupes. Ils ont beau avoir déménagé, loin de la maison de briques rouges qui abritait leur malheur et leur bonheur à la fois, Irène sort le carton du placard de l'entrée, derrière les vestes et les boîtes à chaussures, et, comme un rituel, s'applique à l'ouvrir au cutter, en sort des pochons de coton blanc, des bodies couleur cerise, des pyjamas si petits qu'ils pourraient habiller les poupées des jumelles, des bonnets fins, des chaussettes en crochet, et puis des langes, une quantité astronomique de langes, ce qui avait fait rire Isabelle à la maternité, tous ces langes empilés, Irène avait rougi, rétorqué : « Si elle régurgite beaucoup, on n'en a jamais assez. » Elle passe une heure ou deux à déplier les affaires, puis à les replier soigneusement, n'a jamais le cœur d'ouvrir l'album, à peine entamé. Elle ne parle pas de Solène à Maud et à Alma. Seul Antoine, un jour alors qu'elles avaient cinq ans, a su trouver les mots justes pour décrire la perte, le chagrin, la folie. Avec des mots d'adulte, des mots délicats, il a voulu leur dire qu'avant elles, il y avait quelqu'un, envolé depuis longtemps. Quelqu'un qui était leur sœur, et qui n'a pas vécu.

– Elle aurait quatorze ans, lui a soufflé Antoine avant de refermer la porte du salon.

Il a dormi sur le canapé, tout habillé. Irène a entendu son souffle court à travers la cloison, elle s'est retournée pour ne pas chercher son corps au petit matin.

Quatorze ans. Et elle imagine encore Solène comme un nourrisson.

C'est la sonnerie du téléphone qui la tire d'un sommeil sans rêves. Iris. Trois appels en absence. Il est huit heures et demie, un samedi. Vaseuse, Irène la rappelle, elle sait que sa sœur n'aime pas attendre.

– Tu me confirmes, cet après-midi, pour mon anniversaire ?

La petite réunion de famille. Oui, oui, bien sûr. Irène se lève. Dans le salon, tout est rangé, nettoyé. Maud et Alma déjeunent, nez dans les bols de lait chaud ; leurs éclats de rire dérangent, perturbent la rancœur qu'Irène nourrit à l'égard d'Antoine. Elle lui en veut d'avoir déserté leur lit même si elle reconnaît qu'ils ne peuvent plus continuer.

Après ses aveux hier soir, « je suis perdue, Antoine, je me noie dans le boulot pour oublier que je vais si mal », il n'a rien pu dire. Il n'a pas su expliquer comment lui faisait, comment il avait fait pour surmonter cela. Il s'est contenté de la prendre dans ses bras, en la désirant si fort qu'il craignait de la dégoûter. Elle a pourtant essayé, elle a fermé les yeux, à califourchon, ses mains desserrant la ceinture en cuir, elle a commencé par respirer le torse poilu, ponctuant de petits baisers la peau déjà moite. Mais le regard languissant d'Antoine, son sexe dressé à travers son caleçon bleu ciel, elle n'a pas pu.

Pas pu jouir. Mais elle s'est forcée, un peu. Pour lui.

Ils n'avaient pas fait l'amour depuis des mois. Le corps d'Irène est cadenassé, inaccessible.

Où l'amour d'Antoine s'est-il enfui ? Se cache-t-il derrière les pochettes de vinyles, avec la poussière qui s'accumule puisqu'ils n'en écoutent plus un seul, flotte-t-il parmi les effluves des parfums de la salle de bains ou sous le tapis moelleux qu'on lave quand on y pense ? Quand l'ardeur d'Irène s'est-elle éteinte ? Avant ou après la mort de Solène, avant ou après la dispersion des cendres, avant ou après les cachets qu'ils prenaient chacun leur tour pour s'abrutir de sommeil ?

Elle voudrait qu'ils abordent le sujet, elle sent qu'elle est prête à parler d'eux, de leur amour qui s'enfuit, de leurs silences et de leur chagrin.

Elle ne parvient pas à se dire qu'elle ne l'aime plus parce que ce n'est pas ce qu'elle ressent, pas exactement. Ce n'est pas qu'elle n'éprouve plus de sentiments pour lui, mais c'est comme si leur couple avait opéré un glissement : quelque chose (mais quoi ?) les freine et les empêche d'aborder ce qui les a brisés. Pourtant, avant le drame, ils n'éprouvaient aucune difficulté à parler. La mort de Solène a marqué d'une croix leur communication. Irène se heurte au mutisme d'Antoine, qui ne sait pas faire autrement que de se taire, cela lui coûte tant de faire revivre le souvenir de leur fille.

17.

Cela s'amorce vers vingt-deux heures. Le téléphone portable frémit sur la table basse, signale plusieurs messages d'affilée. « Vous êtes dispo ? », « Il est pas trop tard ? » Heureusement qu'Antoine s'est assoupi, son corps lourd affaissé dans le canapé. Il suffirait qu'il lui demande qui lui écrit autant pour qu'Irène flanche et lui déballe tout. Mais il n'a pas remarqué qu'elle se barricade dans les toilettes ou la salle de bains ; et quand la maison dort à poings fermés, le halo du portable sur le plafond de la chambre, après minuit, témoigne des insomnies d'Irène. Pour bien des raisons, elle lui cache cette correspondance. Depuis qu'elle s'est juré de mettre un terme à ses monologues mettant en scène ses élèves les plus séditieux, certaine qu'il ne l'écoute que d'une oreille, elle ne lui fait plus confiance. Depuis leur dispute et la nuit où leurs deux corps ont été séparés, elle pressent quelque chose qui couve en elle, quelque chose d'audacieux, de frénétique. Elle se surprend à penser à une séparation, à un divorce, à un mode de garde pour les jumelles. Elle imagine où elle irait si elle le quittait. Elle s'étonne d'inventer une vie différente, à distance, loin de lui, de ses humeurs qu'elle a du mal à supporter, de son odeur douceâtre, mélange de café froid et de sueur tenace, pour laquelle elle se serait damnée, à dix-huit ans, puisqu'elle fourrait son nez dans ses sweats à capuche immenses, dans lesquels son corps vorace se perdait ; elle se caressait sous le tissu en polyester, en pensant à lui. Elle a un peu honte : désormais, le parfum suave et dérangeant qui émane de son corps ne lui procure plus qu'une vague nostalgie.

Alors, en souvenir de son désir et parce qu'il a toujours été son confident, elle pourrait lui parler de Louise.

« Irène ? »

« Oui, Louise. Cinq minutes. »

Elle se lève avec précaution. Sur les murs du salon, des ombres fantomatiques dansent à cause de la télévision allumée. Le spectateur, amorphe, s'est endormi face à un documentaire sur l'avenir de la planète. Depuis l'enfance, Antoine est écologiste dans l'âme. Fils unique, il a passé ses onze premières années à Pesey-Nancroix, en Savoie. Là-bas, on lui a enseigné l'humilité et la rigueur, sur les bancs d'une école nichée au cœur des sommets. Deux classes seulement. Les plus grands épaulaient les petits. Sa force tranquille a pris racine dans cette région de France où les enfants aidaient encore leurs parents, avant de faire leurs devoirs sur la table de la cuisine, se réchauffant les membres à la chaleur du poêle.

Irène coupe le son, s'éloigne, ses chaussons à la main. Les yeux d'Antoine restent clos, malgré un soubresaut. Il est parti pour une heure. *Quitter un homme comme celui-là pourrait prendre des années*. Est-ce vraiment ce qu'elle désire ? Il faudrait qu'elle ait du courage, de l'impulsivité, du répondant. Face à Antoine, elle s'est toujours écrasée.

Dans sa chambre, lumière éteinte, les bruits extérieurs lui parviennent : vrombissements des voitures, fermeture des portes de l'ascenseur, discussions entre deux voisines en bas de l'immeuble, entrecoupées de silence, le temps de tirer sur une cigarette.

Irène ne fume plus depuis des années, mais elle aurait bien besoin d'une bouffée, pour entamer la conversation avec Louise.

« C'est bon ? Vous êtes seule ? »

« Oui. Tout va bien ? »

« Bah non. Sinon je vous écrirais pas. Ça va pas trop. Papa n'est pas là ce soir. Sasha avait peur, il vient de s'endormir dans mon lit. »

Louise redoute la nuit qui approche, les plaintes étouffées dans la cage d'escalier ; la nuit épouvantable la recouvre comme une nappe de pétrole, et, engluée dedans, elle croit qu'elle va mourir.

« Tous les soirs, je retarde le moment d'aller me coucher. J'ai peur de fermer les yeux », écrit-elle à Irène.

« Et qu'est-ce qui se passe si tu fermes les yeux, sans forcément penser à t'endormir ? »

« Je vois Maman. Tout le temps. »

Il n'y a plus rien à ajouter. Mais chaque fois qu'Irène essaye de dévier la conversation, Louise y retourne, comme les petits enfants qui répètent inlassablement le même jeu. Un soir de la semaine dernière, elle lui a raconté son rêve récurrent.

« Elle est assise dans le fauteuil à côté de mon lit, elle me raconte une histoire comme quand j'étais petite, toujours la même, *Le Lièvre et la Tortue*, et ses longs cheveux blonds qui sentent bon la vanille dissimulent un peu son visage. Alors je l'appelle, alors elle me regarde, et je découvre une chose effrayante : un crâne translucide me fixe, ce n'est plus le visage de Maman mais un squelette hideux. Alors je hurle, Sasha se réveille, et Papa ouvre la porte avec un regard de pitié sur moi, un regard désespéré. Je ne peux plus. Je me dis que si j'arrêtais de dormir, je ne ferais plus ce rêve horrible. »

Pour qu'elle se confie, Irène a dit : « Oui. » *C'est là que tout commence,* a-t-elle pensé avant d'appuyer sur le bouton « envoyer ». *Oui je peux être l'oreille attentive dont tu as besoin, pour te lever le matin, enfiler ton bonnet, avancer dans ton existence, oui je peux être celle qui te soutient dans le froid glacial lorsque tu sors de chez toi, ta main tenant fermement celle de Sasha, avant de le déposer à l'école.* C'est ce qu'elle aurait voulu lui écrire. Mais Irène refuse de s'adonner à un style, elle tente de répondre à la collégienne avec des mots d'adolescents, un langage bien à elle, qui n'appartient qu'aux jeunes et qu'elle apprend à connaître, qu'elle s'approprie et qui la déchire, parfois, parce que les mots ont sur elle un pouvoir. Irène n'est plus elle-même quand elle écrit à Louise.

Et soir après soir, la jeune fille raconte. Son enfance heureuse – elle a longtemps cru qu'elle allait rester enfant unique, c'était tant mieux, c'était l'amour fou, le pas de danse à trois ; sa vie d'avant, de première de la classe, ses trophées et ses médailles, sa mère, championne olympique de gymnastique, lui avait transmis sa passion –, ses après-midi à la bibliothèque, son père écrivain, ses premiers succès, les salons du livre et les dédicaces, les histoires inventées avant d'aller au lit, pour elle seule, les glaces au citron meringué, les étés à Mers-les-Bains, chez sa grand-mère, ses longs cheveux blonds éparpillés sur l'oreiller que l'on caressait avant de lui souhaiter une bonne nuit ; ses chanteuses préférées, son deuxième talent, l'écriture, les journaux intimes qu'elle a tenus de sept à onze ans.

Elles n'évoquent jamais le collège. Comme un accord tacite, on ne parle pas de Johanna, ni d'Hugo, ni d'Oriane, ni des profs. On ne dit rien de la manière dont Irène fait cours, on n'ébruite pas les secrets des copines.

Elle ne parle pas de la mort de sa mère.

Elle gomme les trois dernières années de sa toute petite vie.

Irène ignore si Louise lui raconte toute la vérité. Est-ce important ?

Il y a une muraille qui s'est érigée entre le collège et la maison.

Irène est entrée dans la vie de Louise sans crier gare. À moins que ce ne soit l'inverse.

Irène écrit à Louise pour se rendre utile, pour réconforter la jeune fille, pour oublier Solène, pour tenter d'aller mieux, pour se souvenir de sa propre adolescence, pour se rebeller, pour qu'elle l'admire, pour raconter sa propre vie, pour creuser son passé, pour avouer ses déboires, pour décrire ses filles vibrant dans la moiteur d'un jour d'été, pour aider l'adolescente, pour se reconnaître en elle, jusqu'à se fondre dans une conversation qu'elle ne maîtrise pas – mais au fond, l'a-t-elle déjà maîtrisée ? –, pour tester les limites, pour se convaincre qu'elle existe, pour emmerder sa mère, ses principes, le monde entier peut-être.

Pourquoi Louise m'écrit-elle ? se demande-t-elle souvent.

Un soir, ça dérape. Irène a bien vu que Louise et Johanna s'évitent ; elles ne s'attendent plus à la fin des cours, ricanent quand l'une commet une erreur en classe. Pas de pitié. Johanna s'est tournée vers Oriane, à qui elle prend le bras comme pour signifier sa préférence. Irène s'inquiète. Louise a peu d'amis finalement, les autres semblent la craindre.

« Tu t'es disputée avec Johanna ? »

Louise est en train d'écrire. Irène a le cœur qui bat à mille à l'heure. La phrase qu'elle vient de balancer est intrusive mais elle a besoin de savoir. Pour aider Louise, il faut qu'elle en sache plus sur elle. On ne peut pas sauver quelqu'un dont on n'aperçoit que la silhouette arquée. Le souffle court, elle attend.

« Ouais. Elle m'a saoulée avec sa mère. OK elle est hyper chiante, elle voyage tout le temps. Mais au moins elle en a une. »

« Bien sûr, Louise. »

« Vous me saoulez aussi. Vous pouvez pas comprendre. »

« Si, Louise. Je peux. »

Et Irène s'abandonne à son tour. Solène. Le vide. La culpabilité. Qu'est-ce qui lui prend ? Impossible de revenir en arrière, elle a pris le train en marche, saisit la perche, un besoin irrépressible de faire gicler le malheur, de le remuer comme on touille la pâte à tarte avec une spatule en bois ; les larmes coulent, elle s'en contrefiche, dit la douleur de la perte, la sensation de flottement, le deuil inaccompli, depuis quatorze ans, quatorze ans tu te rends compte, alors si, je peux *comprendre*, j'embrasse ton malheur, je le noie avec le mien.

Qu'est-ce qui lui prend ?

Irène se revoit, petite, avec Iris, quand elle voulait faire son intéressante et qu'elles s'inventaient des jeux absurdes, c'était à celle qui aurait le plus mal, à celle qui éprouverait la détresse la plus grande, pour ensuite s'en plaindre à Isabelle. Pour voir laquelle des deux leur mère consolerait. Souvent, c'était Iris, Irène s'en souvient à présent.

« Je te comprends, Louise, je n'ai pas perdu une mère, mais une enfant. »

18.

Il abandonne la pile de dossiers sur le bureau. Depuis septembre, Irène se bat avec le programme, pour y faire rentrer les dictées, les évaluations de conjugaison, les expressions écrites dans les cases d'un emploi du temps déjà saturé. Ses nerfs lâchent facilement, en plein milieu du cours, face à trente-deux adolescents qui s'amusent à fixer l'horloge et qui l'écoutent quand cela leur chante.

Elle a l'impression d'avoir vécu une année entière.

– Voilà les informations concernant les élèves dyslexiques, dit-il très vite.

M. Minet masque d'un sourire son air gêné.

– Je vous les laisse, vous pouvez les consulter, vous les remettrez au secrétariat. Je me dépêche, j'ai rendez-vous avec les parents d'un élève.

Irène n'a pas le temps de répliquer, il réajuste sa veste, et sort sans demander son reste.

Quel homme est-il, réellement, ce directeur ? Un travailleur acharné, un éternel optimiste, ou un tire-au-flanc, assis sur son siège à roulettes comme sur un trône, appréciant la fonction mais renonçant aux difficultés ? Irène ne l'a pas encore entendu hausser la voix. Il s'adresse à son équipe d'une voix posée. Il inspire le respect. Comment ? Elle ne saurait le dire. Sa foi viscérale le porte vers les élèves les plus remuants. Il les apprécie, malgré tout, ses « crapules ».

Cette fois, Irène sent le vent tourner. D'habitude, c'est en septembre qu'on lui délivre ces dossiers compliqués, qu'il faut lire plusieurs fois, et à partir desquels on prend des notes pour tout adapter : les cours, les activités, les exercices, les évaluations, les devoirs sur table. La dyslexie est à la mode, clament les enseignants les plus récalcitrants, dont Irène faisait partie il y a quelques années, avant de s'apercevoir qu'en prenant en compte les difficultés, voire les handicaps, la confiance en eux revenait, le niveau s'améliorait. D'habitude, il n'y a que deux ou trois élèves *dys* dans la classe. Mais le dossier est épais. Irène le saisit d'une main et entreprend de l'ouvrir. Elle veut y jeter un coup d'œil, consulter la liste qui confirmera ses diagnostics.

Le catalogue de noms se déroule jusqu'en bas de la fiche. Oriane, Kyllian, Joshua, Thomas, Marika, Éva, Hugo, Camille, Johanna, Gaétan, Louise, et tant d'autres. Les trois quarts des 3^{e}B présentent un trouble. Certains sont dyslexiques, d'autres dysorthographiques, d'autres encore dyspraxiques ; certains cumulent les troubles depuis plusieurs années. *Si j'avais eu entre les mains ce dossier, avant…*, pense Irène, avant de se reprendre. Non. C'est sa faute. Elle n'a rien réclamé.

« Ça s'appelle un déni », lui aurait asséné son père, beaucoup plus jeune, quand le dimanche soir, elle prenait conscience des devoirs qu'il lui restait à faire. Pourtant, elle a toujours été bonne élève. Mais c'était comme si remettre à plus tard effaçait ce qu'il y avait à effectuer. Sa procrastination lui a joué des tours. Elle se souvient d'un devoir de maths particulièrement complexe qu'elle avait reporté tout le week-end, refusant inconsciemment de se frotter à la difficulté, et ce, malgré les conciliabules en cours de récréation – « Il est vachement dur, tu l'as fait ? Tu me le prêtes ? Je peux regarder ? » Elle l'avait négligé jusqu'au dimanche soir. Après le dîner, elle s'en était souvenue d'un seul coup. Vite, elle s'y était attelée, il était tellement difficile, comme prévu, et elle était si fatiguée. Elle avait travaillé jusqu'à quatre heures du matin, recopiant le brouillon avec minutie, écarquillant les yeux pour ne pas sombrer, à la faveur d'une lampe de poche dissimulée sous ses draps. Isabelle et Martin lui auraient défendu d'étudier la nuit. Ensuite, le soulagement d'en avoir fini avait laissé place à une lassitude crasse. Quand la professeure de maths avait annoncé que finalement, elle ne ramasserait pas les devoirs, ajoutant que c'était un bon entraînement, Irène avait senti son cœur bondir dans sa poitrine, et au même moment, avait lâché un *putain*. Étrangement, tout le monde autour de la collégienne s'était tu et dans un silence religieux, la professeure avait pris soin d'avancer jusqu'à elle, en disant très fort à quel point elle l'avait déçue. « Un si vilain mot dans une si jolie bouche, Irène, je ne m'y attendais pas… C'est deux heures de colle », avait-elle ajouté. Coller sa meilleure élève – et sa préférée –, il lui avait fallu du cran.

Irène avait passé le reste de l'heure crispée, les fesses en équilibre sur la chaise, incapable de faire un mouvement. Tout en elle refusait l'étiquette. Elle faisait ses devoirs en retard, disait des gros mots. Bientôt elle insulterait les profs. Elle ne craignait pas la punition, non, ce qui l'angoissait c'était de décevoir et de trahir les autres, sa prof, sa mère, son père, sa sœur.

Irène ne peut s'en prendre qu'à elle-même. Elle a refusé de voir la réalité en face : ses élèves n'ont pas le niveau. À quelques mois du brevet et de l'entrée en seconde, la tentation est grande, elle a envie de baisser les bras. « Tout envoyer paître. » Même dans la classe, elle entend la voix d'Antoine qui le lui chuchote à l'oreille.

19.

Il n'y a pas si longtemps, on les appelait les cancres. Aujourd'hui, on dit « EBEP »[1], et ce mot terrible englobe toutes les difficultés, tous les handicaps, toutes les mauvaises notes, toutes les excuses. Oriane est dyslexique et dysorthographique. Cela, elle l'avait senti, rien qu'à observer l'écriture périlleuse, les erreurs parsemées d'un bout à l'autre de la copie, les mots qui tanguent sous la ligne tracée net, entre les carreaux du quadrillage. Hugo est dyspraxique et dysgraphique. Irène se remémore toutes les fois où il l'a agacée, à manipuler son stylo, sa règle ou sa colle pendant que les autres copiaient, à cesser d'écrire sans crier gare, à refuser de prendre le cours sur son classeur. Gribouiller, il sait faire. Rédiger correctement est au-dessus de ses capacités. Diagnostiqué en CM2, l'adolescent aux tee-shirts troués et au crâne rasé n'a jamais suivi les séances d'orthophonie

---

1 Élève à besoins éducatifs particuliers.

préconisées. Il va falloir appeler les parents, demander des bilans, un suivi. Il va falloir écouter, puis assurer de son soutien sans faille, des aménagements possibles s'ils décident d'ouvrir de nouveau le dossier. Irène le sait : nombre de parents refusent l'aide des professeurs et des spécialistes, parce qu'ils rejettent l'idée que leur progéniture soit différente. Pourtant, elle l'explique chaque fois, grâce à un dessin fourni en formation sur lequel on peut observer un éléphant, un singe et une souris qui font la course : on peut atteindre l'arbre, quelles que soient ses difficultés, mais il faut en tenir compte, et se battre avec les bons outils.

Entre deux cours, Irène s'est installée en salle des professeurs ; à la dernière page, elle découvre le dossier de Louise. Le cri étouffé qu'elle ne peut s'empêcher de pousser la trahit. Certains collègues relèvent la tête. Touchée. En plein cœur. Louise n'est ni dyslexique, ni dysorthographique, ni dyspraxique. Elle figure dans le dossier des 3^{e}B parce qu'il lui est arrivé quelque chose. Tout en haut de la feuille, sous le prénom et le nom de famille, quelqu'un a écrit, sans se presser et en majuscules : MUTISME.

Louise a simplement cessé de parler après la mort de sa mère.

Irène est sonnée. Mathieu s'est levé, lui a demandé si elle avait besoin de quelque chose. Rien, elle n'a besoin de rien. Rien qui l'emplisse, rien qui la comble, pas de réconfort. Elle réclame des explications. Qu'on lui raconte tout depuis le début. De l'autre côté de la cloison, Emmanuelle corrige des copies, elle n'a rien entendu. Alors Irène se lève, chancelante, le dossier de Louise à la main, tente de maîtriser sa voix qui déraille, mais déjà elle sent que ses yeux s'embuent, que ses doigts tremblent, que de son nez, la morve coule.

– Louise est restée muette. Louise n'a pas parlé pendant un an, et personne ne m'a rien dit. Personne ne me dit rien. C'est quoi ce mystère autour de Louise, bon sang ?

Emmanuelle soutient Irène à l'instant où elle sent ses jambes se dérober sous son poids, elle qui ne pèse pas plus lourd qu'une adolescente de quinze ans. L'enseignante passe son bras sous le sien, l'entraîne dans le couloir. Leurs voix résonnent, heurtent le carrelage pour rebondir contre les murs épais.

– Qu'est-ce qui te prend, Irène ? C'est à toi de me raconter ce qui cloche.

Mais Irène ne peut pas se confier à Emmanuelle. Malgré le fait qu'elles s'entendent bien, elle ne veut pas récolter sa pitié. Elle ne peut pas lui dire que, comme Louise, Alma s'est tue pendant des mois, après avoir découvert que Solène aurait été sa grande sœur. La coïncidence troublante la déconcerte, mais elle ne peut se résoudre à en parler.

– Dis-moi plutôt pourquoi vous ne m'avez rien dit à propos de Louise. En plus, tu as été sa prof principale en sixième. Tu aurais dû me le dire.

– Je ne pouvais pas… M. Minet nous l'a expliqué. Il voulait absolument que tu te fasses ta propre idée sur l'ensemble de la classe, que tu n'aies pas de préjugés…

– Et que je ne parte pas en courant ? Je l'aurais su, tôt ou tard.

– Il te fait confiance, il me l'a répété. Il t'estime beaucoup tu sais.

Elle a déjà entendu cette phrase auparavant.

20.

Dans la classe, le chauffage siffle et claque. Sur les vitres, la buée se forme. Les 3^{e}B plongent dans une étuve du matin au soir. Ce qu'ils sont agaçants à garder leurs manteaux, à oublier délibérément les pulls en laine pliés dans les placards ; quand Irène leur demande de retirer leurs blousons, c'est impossible : « j'suis en tee-shirt en dessous », rétorque Kyllian, en faisant mine de grelotter, provoquant l'hilarité générale. Louise n'échappe pas à cette nouvelle mode, et Irène n'a pas le cœur à lui demander de se dévêtir comme elle l'ordonne aux garçons, ses bras sont si maigres, on devine ses côtes, saillantes sous ses tops en lurex noirs à paillettes, elle attraperait froid, pire, elle tomberait malade, ne pourrait plus garder Sasha, le conduire à l'école, elle manquerait les cours, elle n'a personne sur qui compter pour lui envoyer les devoirs, elle aurait de mauvaises notes, son trimestre serait foutu. À cause d'Irène.

Depuis qu'elles s'écrivent, elle veille sur Louise.

La semaine dernière, la collégienne est montée dans la classe pendant une récréation, sans se faire voir des surveillants, juste avant le cours de français. Irène écrivait le thème de l'expression écrite au tableau : « Décrivez un paysage que vous appréciez particulièrement. Vous écrirez en vers, intégrerez des figures de style. Vous veillerez au soin et à l'orthographe. » Elle goûtait le silence d'une classe vide, elle préparait son cours, ses affaires éparpillées sur le bureau.

Louise est entrée, a traversé la classe, et elle a tendu la joue vers Irène pour qu'elle l'embrasse. Elle s'est reculée, incapable de dire les deux mots qui lui brûlaient les lèvres : *Non, Louise.* L'autre l'a fusillée du regard. Elle a claqué la porte de la salle.

Irène est restée là, les bras le long du corps, hésitante sur la conduite à tenir : rattraper Louise, s'excuser, lui expliquer que « Non, je ne peux pas t'embrasser au collège, que diraient tes camarades, mes collègues, M. Minet ? Notre correspondance doit rester secrète. »

– Qu'est-ce qu'il se passe avec Louise ? Je l'ai vue sortir de ta classe, elle était rouge cramoisi, interroge Emmanuelle.

Brouhaha incessant, conversations qui s'entrechoquent, bruit des couverts, chaises que l'on déplace : la cantine ne leur laisse aucun répit. Attablées devant leurs plateaux, elles aspirent pourtant à discuter, à se détendre. Tous les midis, Irène déjeune au self avec d'autres collègues. Sensation de mettre les pieds sous la table, elle qui déteste cuisiner et qui s'y efforce tous les soirs.

Pendant des années, Isabelle a tenté de transmettre sa passion des fourneaux à sa fille aînée. Chaque dimanche, Irène se levait dans l'odeur du poisson que l'on évide, odeur âcre des viscères, des maquereaux à mariner, ou du rôti-haricots-pommes de terre. Les effluves émanant de la petite cuisine repeinte en jaune lui donnaient des haut-le-cœur, et si elle se montrait serviable, faire la cuisine ne lui procurait aucun plaisir.

C'est Iris qui en a hérité, de cet amour inexplicable, de cette tâche qu'elle assimile à un loisir – saupoudrer, émincer, remuer, éplucher, faire rissoler, cuire, faire mijoter, faire revenir –, Irène n'est pas capable de dresser la liste de ces verbes à l'infinitif, elle ne lit jamais de recette. Iris qui, le mercredi après-midi, s'invite chez Isabelle flanquée d'Adèle en porte-bébé, et invente des gâteaux merveilleux sous les yeux ébahis de Maud et d'Alma, ajoutant pour Irène qui la remercie, « oh tu sais ce n'est pas grand-chose », « ça m'a pris dix minutes », ces phrases qui agacent toutes celles qui ne supportent pas de surveiller une casserole d'eau bouillante et qui préfèrent déchirer un paquet de légumes surgelés.

Irène pense qu'Isabelle n'est pas généreuse, pas débordante d'amour maternel. Elle pense que sa mère, grâce à ses plats en sauce et à ses cakes aux fruits, a voulu les gaver de nourriture au détriment des câlins, des baisers dans le cou. Elle pense qu'Iris a tout raflé : elle a accueilli dans son corps les muffins fondants et les crèmes fouettées, s'en délectant, gourmande et insatiable.

Irène est sèche et distante, Iris est molle et joyeuse.

Mais il faut qu'elle cesse de se comparer à sa sœur.

Elle pense à Louise et à ses bras tout maigres. Elle se demande si leur père cuisine, si elle mange assez.

– Rien, ce n'est rien. Elle a tellement de colère en elle. Je ne sais plus quoi faire, conclut-elle face au regard sceptique d'Emmanuelle.

« Décrivez un paysage que vous appréciez particulièrement. Vous écrirez en vers, intégrerez des figures de style. Vous veillerez au soin et à l'orthographe. »

– Faut écrire en rimes du coup ?

Aucun goût de l'effort. Avant même de s'asseoir, les soupirs se multiplient, les yeux la cherchent.

– Madame c'est pas noté au moins ?

Une poésie. La corvée.

Irène s'habitue à ces questions qui la transperçaient encore il y a quelques semaines.

21.

Le Salon du livre a ouvert ses portes pour trois jours.

Et pour que ses élèves lisent le roman présenté par l'auteur, qu'ils ne le planquent pas sous un siège de voiture, Irène les a surveillés : cinq heures de lecture, dans la position qu'ils désiraient. « Jamais un professeur ne nous a proposé de lire pendant un cours », s'est étonnée Johanna, après que la jeune femme leur a expliqué son projet.

– Vous allez lire le livre intégralement en classe.

– Intégralement ? a répété Thomas.

– C'est-à-dire, en entier. Je m'engage à ce que chacun d'entre vous finisse le roman au terme de cinq ou six heures de lecture.

Irène a tenu parole et a obtenu le calme que ses collègues se targuent de détenir dans les autres classes. Une fois par semaine, elle les a attendus, le cœur battant, les mains moites, avec, sur son bureau, elle aussi, le roman obligatoire. Ils s'y sont faits. Mieux, ils ont fini par apprécier ces heures de platitude, où le tic-tac de l'horloge résonnait à leurs oreilles, tandis qu'ils avalaient l'histoire.

Peut-être que ces heures n'ont servi à rien, au fond, se dit-elle en se frayant un chemin à travers la foule. Elle leur avait bien dit, pourtant, dans le bus avant de partir. *On se retrouve dans une heure, vous avez quartier libre avant la rencontre littéraire.* Elle aurait dû procéder comme avec les sixièmes, les faire asseoir tout le temps que l'écrivain se prépare, avant qu'il n'apparaisse sur l'estrade en bois clair, qu'il n'émerge des rideaux noirs.

Ne jamais les laisser seuls : pensée qui ressurgit, elle a reçu une formation sur les sorties scolaires. Irène ne retrouve ni Louise, ni Johanna – réconciliées pour l'occasion –, ni Hugo, ni Maël. Les autres attendent, une feuille de papier pliée en quatre sur les genoux, le stylo à la main, sur des chaises en plastique au dos desquelles on peut lire « Classe de 3ᵉB de Mme Latellier ».

– Je les ai trouvés ! annonce Emmanuelle, triomphante.

Derrière elle, les quatre « redoutables », comme les appellent désormais les collègues. Louise a sa mine des mauvais jours, Hugo, la capuche rabattue sur la tête. Irène s'approche, lui demande de la baisser. Elle commence une leçon de morale, se reprend, on va être en retard, la rencontre a commencé, l'écrivain s'exprime au micro.

– Dépêchez-vous de vous asseoir discrètement, murmure-t-elle en ouvrant la porte.

Le père de Louise est présent, il fait partie des parents accompagnateurs. Au début, la collégienne s'est confiée à Irène : « Mon père veut bien emmener la classe, il va être sur le Salon pendant trois jours, ça le dérange pas… mais j'ai pas envie qu'il me surveille. » C'est Maxime qui a lourdement insisté, forçant Irène à dire « oui ». Ce matin, il est venu au collège, il a marché dans la rue, géré la circulation, protégé Oriane qui traversait le nez en l'air. Il a paru à Irène que c'était un homme sur qui l'on pouvait compter, sans qu'elle puisse se l'expliquer et quoi qu'en dise Louise. Malgré ses absences le soir, son humeur noire, ses manies – qu'Irène connaît grâce aux récits de Louise – elle a eu le sentiment que se dégageait de lui une sollicitude naturelle.

– Ça va avec ma fille ? lui a-t-il demandé en chuchotant.

Il la regarde droit dans les yeux.

– Oui, tout va bien. Enfin, je crois.

– Cela fonctionne mieux, à la maison. Je crois que vous y êtes pour beaucoup. Elle a besoin d'un modèle féminin, murmure-t-il.

Même regard. Mêmes gestes machinaux. Une élocution parfaite. *Dommage, je n'ai pas lu ses livres,* songe Irène, qui, mal à l'aise, s'efforce de trouver un sujet de conversation. Elle n'a pas envie de parler de Louise. C'est comme si elle la trahissait, comme si elle en disait trop. La jeune fille les observe depuis sa place. Elle n'écoute pas un mot de l'auteur, elle doit s'en *foutre.* Irène pourrait deviner ses pensées.

– Devine ce qu'ils ont fait !

Emmanuelle la pousse du coude, interrompt la conversation.

– Je ne sais pas, répond-elle distraitement.

L'incident est clos, elle aurait bien voulu se reposer un peu, assister à l'entretien avec l'écrivain qu'elle a soigneusement préparé avec ses élèves.

– Ils ont fumé dans les toilettes ! fulmine-t-elle.

Elle attend de moi que je me mette en colère, pense Irène, agacée.

Maxime a tout entendu. Il saisit sa fille par le blouson, l'oblige à remonter l'allée devant ses camarades abasourdis.

– Qu'est-ce que je vais faire de toi, chuchote-t-il à l'oreille de Louise, suffisamment fort pour qu'ils l'entendent.

– Laissez, je vais m'en occuper.

Irène s'est approchée.

– Oui, cela vaut mieux. J'ai peur de m'emporter, de déraper, dit-il à la jeune fille muette.

– Il s'en est fallu de peu, Louise, pour que ton père ne provoque un esclandre, qu'est-ce qui te prend de fumer des clopes dans les toilettes du Salon du livre ?

Irène utilise les mots des collégiens, elle en use pour se placer à leur hauteur, pour s'élever puisque beaucoup la dépassent. Accéder à leur univers linguistique, à leur franc-parler, c'est comme pousser la porte d'un foyer : entrer dans leur monde, signifier que l'on n'est pas dupe.

– Qu'est-ce qui vous fait croire que ce sont des clopes ?

Les yeux noirs, l'air méchant. Irène reconnaît la jeune rebelle de septembre au cœur cadenassé et aux propos blessants.

– Rien, soupire-t-elle en la regardant.

Elle l'a emmenée à l'écart, du côté des libraires.

– Tu recommences à être insolente. Bientôt, je ne pourrai plus rien pour toi.

– Pourquoi vous m'invitez jamais chez vous ? demande-t-elle de but en blanc, sans relever les remarques d'Irène.

– Chez moi ?

– Ouais. Voir vos filles. Je m'ennuie, j'ai plus trop d'amis, vous le savez bien. Si j'ai fait ça, dans les toilettes, c'était pour qu'ils me regardent de nouveau. Surtout Johanna. J'essaye de regagner son amitié. Ça marche pas trop, dit-elle, honteuse.

– S'il faut t'inviter un mercredi pour que tu te calmes, que tu cesses ton comportement insolent et provocateur, je le ferai.

– Yes !

Un sourire la défigure. Le cœur d'Irène frôle le débordement, lorsque la jeune fille se penche doucement vers elle, et lui murmure : « Je vous adore. »

Dans la salle, à côté, comme au théâtre, l'écrivain fait son show.

22.

Elles se sont donné rendez-vous devant le cinéma. Louise l'attend, un bonnet gris enfoncé sur les oreilles ; elle semble grelotter dans sa veste en simili cuir et son jean troué aux genoux. Les yeux collés à l'écran, elle est comme tous ces individus qui ne savent plus patienter sans faire défiler les notifications du téléphone. Irène a songé à une autre époque, et s'est demandé comment faisaient les gens pour attendre quelqu'un. Nez en l'air, regardaient-ils le ciel, les mains dans les poches d'une veste ou d'un manteau, relisaient-ils une lettre gardée au fond de la poche, illisible à force d'avoir été manipulée, les femmes en profitaient-elles pour se repoudrer grâce à un miroir de poche, ou engageaient-elles la conversation ? Depuis qu'elle écrit à Louise, Irène constate qu'elle prend son téléphone machinalement, pour vérifier qu'elle n'a pas de message. Elle fait défiler, parfois sans en prendre conscience, les SMS qu'elles s'envoient depuis des mois. Cet après-midi-là, ils sont quatre ou cinq à attendre devant le cinéma, tous le regard rivé à l'écran ; Louise se balance d'un pied sur l'autre pour se réchauffer, elle tire une bouffée de tabac ; des gestes brusques. On devine son impatience, sa fragilité.

Elle a jeté la cigarette dès qu'elle a vu la jeune femme tourner au coin de la rue. Irène ne sait pas comment se comporter, si elle doit l'embrasser, peut-être que Louise se vexerait avec ce qui est arrivé au collège, elle se contente de lui tapoter l'épaule, pendant que la collégienne écrase le mégot du bout de sa chaussure. Elle lui dit : « On y va, désolée je suis un peu en retard, il fait froid, ça va, tu ne m'as pas trop attendue ? » En réalité, comme une adolescente, Irène a fait exprès d'arriver en retard. Elles ont choisi un cinéma d'art et d'essai. Aucune chance de croiser un seul élève ici.

Elles ne se regardent pas, entament une conversation, parviennent au guichet. « Deux places s'il vous plaît. » Irène refuse qu'elle paie, après tout, c'est elle qui le lui a proposé.

Un cinéma. Un mercredi après-midi. Toutes les deux.

– Tu veux du pop-corn ?

– Allez, ouais, super.

C'est gênant, et dès la première minute, Irène regrette. C'est comme ces rencontres virtuelles qui finissent par avoir lieu dans la vraie vie ; derrière l'écran, on se sent reine, mais au moment de se rencontrer, le charme rompt.

Les publicités défilent et les noient de couleurs, Louise plonge les doigts dans les friandises sans regarder Irène. Comme sa professeure, elle est gênée, elle doit se demander si c'était une bonne idée, si elle n'aurait pas dû dire « non », prétexté la garde de Sasha. Au moins elles ne sont pas attablées à la terrasse d'un café, à devoir entretenir une conversation.

Elle regrette d'avoir eu l'audace de proposer à une élève un rendez-vous au cinéma.

Le film commence.

C'est terrible de penser qu'elles n'ont rien à se dire.

Au bout d'une heure, on dirait que la jeune fille s'est endormie. Son corps maigre repose sur le fauteuil de velours rouge, ses mains à plat contre les accoudoirs, ses paupières irrémédiablement closes. Irène entend son souffle, observe sa poitrine se soulever. Elle sait que les nuits sont courtes, qu'elle attend le retour de son père, souvent après minuit, qu'elle dort recroquevillée contre le dos de Sasha, inondé d'angoisse. Parfois, elle le lui a dit, elle doit changer les draps parce que son frère a uriné dans son sommeil. Alors le petit garçon attend dans le fauteuil, au creux de son coude un grand lapin bleu qu'il frotte contre son oreille, que sa grande sœur ait fini de mettre des draps propres.

Louise somnole et Irène se détend enfin, ses muscles épousent le siège, sa nuque et ses vertèbres, une à une, s'enfoncent dans la matière moelleuse. *Je ne fais rien de mal*, se répète-t-elle en boucle depuis le début du film. *Je ne fais rien de mal*, pour transformer l'événement peu banal en une après-midi ordinaire. *Ça peut arriver, une prof et une élève, au cinéma, tout peut arriver, pour contrer le malheur et le chagrin*, se dit-elle. Pour Irène, le moyen d'être utile. Pour Louise, une activité, le temps de ne pas penser à sa mère. Pour les deux, l'occasion de se rapprocher.

Longs doigts aux ongles noirs cherchent le téléphone qui vibre dans le sac, et quand ils l'attrapent, le halo de lumière bleue éclaire la rangée. Heureusement qu'il n'y a pas grand monde. Parce que le cri qu'elle pousse et le fou rire qu'elle attrape lui auraient valu des remarques acerbes, voire des insultes. Louise hurle de rire au milieu d'une scène calme. Elle se fait remarquer comme en classe, et elle a l'air d'aimer cela, ces quelques regards posés sur elle comme si elle était une extraterrestre. Irène sent les ongles frôler son bras, puis s'enfoncer dans la chair, Louise lui montre le message qu'elle a reçu et qui a provoqué son hilarité. C'est Oriane qui lui a raconté une blague. Et c'est vrai que c'est drôle. La jeune fille rit toujours dans ses mains, retirées du bras d'Irène. C'est contagieux, le rire d'une adolescente. Louise range son téléphone, se concentre de nouveau, en pouffant.

Irène se demande si elles sont amies.

Elle commence à rire. Les nerfs lâchent, c'est frustrant, magique, libérateur : elles se regardent enfin et cela les emporte comme une vague, Irène essuie les larmes au bord des cils avec un mouchoir, elle ne sait plus pourquoi elle s'esclaffe, c'est le corps qui opère, tressaillements de cages thoraciques, cris étouffés dans les paumes, et Louise chuchote : « On s'en va ? » Elles ramassent leurs affaires à la hâte, n'ont personne à bousculer en sortant et atterrissent sur le pavé écrasé de soleil. La lumière forte les éblouit, le froid les revigore.

– C'est dommage, on ne verra pas la fin… mais on a bien ri, commence Irène.

– Après, quand je vous ai vue rire, je pouvais plus m'arrêter.

– C'est le principe du fou rire…

– Avec Maman aussi, on en avait plein.

– Attention !

La voiture a frôlé la main de Louise qui traversait sans regarder.

Irène l'a attrapée et plaquée contre elle.

Leurs deux cœurs battent ensemble, pétris de peur.

Irène hurle « Connard ! », lâche Louise.

– Ça va ? Tu n'as rien ? Pourquoi tu souris comme ça ?

– Vous venez d'insulter quelqu'un. Et en classe, vous avez dit « putain ». Alors je vous trouve beaucoup, beaucoup plus sympa, d'un seul coup !

L'allusion à sa mère a fait tressaillir Irène. Elle pensait lui avoir changé les idées, mais la collégienne assimile tous les souvenirs au passé, quand *elle* était encore là. Pourtant, Louise n'a pas l'air de mauvaise humeur, au contraire.

– On fait quoi maintenant ? demande-t-elle, à l'image d'une enfant plus jeune qu'il faut occuper.

– Allez viens, je t'emmène boire un café.

– Tu étais où Irène ? Je suis passée chez toi avec les jumelles, Maud avait oublié son cahier du jour. Tu m'avais dit que tu travaillais. J'ai essayé de t'appeler mais ton portable était éteint, commence Isabelle.

– Je suis sortie prendre l'air.

Dix-huit heures à la pendule ovale de la cuisine.

– Tu es fatiguée ma chérie ? demande-t-elle à Alma.

– Elle a bâillé toute l'après-midi. Maud est plus en forme. On a fait de la peinture, et elles ont joué aux poupées – tu te souviens, Pâquerette et Pimprenelle, celles avec lesquelles tu t'amusais quand tu étais petite ? –, ensuite on a goûté puis on est parties voir les chevaux de l'autre côté du champ, Alma leur a donné un peu à manger même si je pense qu'on n'a pas trop le droit…

– Merci, Maman.

Irène se force à écouter le bavardage d'Isabelle, à répondre par un signe de tête, mais son esprit est ailleurs, dans le cinéma avec Louise, au café avec Louise, sur le trottoir avec Louise, et dans ses bras, encore, le corps de Louise. Elle a la désagréable impression d'avoir une double vie, comme un adultère, et elle a beau se dire que cela n'a rien à voir, les moments où elle pense à son élève lui coupent le souffle, lui torturent les intestins, et, en même temps qu'elle reçoit ces décharges électriques, elle pense qu'elle se sent *vivante*, oui c'est cela, qu'elle compte pour quelqu'un d'autre que sa famille. Une adolescente de quatorze ans qui déchire ses pantalons pour avoir l'air stylée et qu'elle admire comme une clandestine.

– Bon, si tu n'as plus besoin de moi, j'y vais. Mon cours de Pilates démarre dans dix minutes. Bisous bisous les filles, dit-elle en mimant des baisers imaginaires.

La porte claque et Maud demande, d'un ton agacé :

– Et maintenant, on fait quoi ?

– On va prendre le bain ma chérie, vous avez fini vos devoirs ?

– Avec Mamie, c'est mieux. Au moins elle s'occupe vraiment de nous.

La petite fille a chuchoté la dernière phrase, en fixant sa sœur, espérant une connivence. Irène l'a entendue. *Avec elles aussi, alors, il faudrait se justifier*, pense-t-elle, en s'asseyant sur le canapé. D'une main, elle leur fait signe de s'installer. Ses filles face à elle. Et la sensation de se tenir face à des élèves.

– J'ai beaucoup de travail, commence-t-elle d'une voix mal assurée. Ma classe n'est pas facile, mes élèves sont remuants. Sans cesse, je dois user de stratagèmes pour qu'ils révisent leurs leçons, qu'ils fassent leurs devoirs. Je suis fatiguée, et c'est vrai que j'ai moins de temps en ce moment pour m'occuper de vous. Le mercredi après-midi je vous laisse chez Mamie comme ça vous pouvez faire des choses, et quand vous rentrez, je suis disponible…

– Oui mais souvent t'es triste le soir. Maud t'a vue pleurer dans ta chambre hier.

La parole d'Irène les libère. Comme un animal à qui l'on propose une gamelle emplie de nourriture, elles se jettent dans la brèche, désormais ouverte.

– Oui, t'es pas seulement fatiguée, t'es triste aussi… T'es sûre que c'est pas à cause de Solène ?

La question de sa fille lui broie le cœur. C'est donc cela, se dit-elle, en se passant la main dans les cheveux, elles croient que je leur mens, que je les abandonne.

– Oui ma chérie, je suis sûre que ce n'est pas à cause de Solène. Ça n'a rien à voir. Je vous aime très, très fort, ajoute-t-elle en les regardant droit dans les yeux.

Alors Alma prend la main de Maud, et ensemble, elles s'en vont faire couler le bain.

– Pourquoi est-ce qu'on met tous les crocos en prison ?

Il ne lui a pas dit bonsoir, n'est pas allé vers elle.

La plaisanterie le fait s'arrêter, la dévisager.

Elle enchaîne, un sourire aux lèvres :

– Parce que les crocos dealent.

Irène s'esclaffe, sous le regard stupéfait d'Antoine. Pour un peu, il lâcherait ce qu'il tient dans les mains.

– Ça va mieux, on dirait ?

Et c'est vrai.

– Ça va mieux, murmure-t-elle, le cou rejeté en arrière, les bras tendus au-dessus de sa tête. Elle étire ses épaules, son dos, sa nuque.

– Ça va mieux, dit-elle de nouveau.

– Les élèves te racontent des blagues en classe, maintenant ?

– Non, c'est une élève. Une. Louise.

Antoine attend de connaître la suite. Pour une fois, il s'intéresse à ce qu'elle rapporte du collège.

– J'ai entendu la blague quand elle descendait l'escalier, je la suivais, elle était avec Oriane. Ça m'a fait rire. C'était ce matin, justifie-t-elle.

– OK. Je suis content si tu vas mieux.

Dernier message à Louise qui lui écrit « C'était bien cet aprèm, à refaire », avec un pouce levé et un smiley souriant. Elle s'assied sur le rebord de la baignoire, se brosse les dents, consciencieusement, puis elle s'observe dans le grand miroir rond. Depuis qu'elle adapte ses cours à des élèves dyslexiques, qu'elle prend du recul par rapport au programme de troisième, qu'elle a établi des priorités – tant pis s'ils n'ont pas vu la situation d'énonciation, les classes grammaticales sont essentielles –, elle constate que ses cours sont plus calmes, les élèves plus attentifs, les perturbateurs moins audacieux. Elle se scrute. Les cernes disparaissent, les joues sont plus bombées.

Ça va mieux.

Une dernière image avant de sombrer : Louise et elle, devant un chocolat chaud, dans un café. *On aurait pu croire que c'était ma fille,* songe-t-elle en s'endormant.

Elle n'a pas attendu Antoine pour se coucher.

23.

Décembre les emporte à l'image du vent glacé qui tourbillonne dans la cour. Les jours défilent sans qu'elle s'en aperçoive. Maud et Alma passent tous les mercredis après-midi chez Isabelle, qui, non contente de s'en occuper autant, se sent indispensable et ne se gêne pas pour le dire. Les jumelles adorent leur grand-mère, elle le leur rend bien. Antoine, lui, fait la sourde oreille : *la mère et la fille dans le même panier*, semble-t-il penser si souvent, parce que finalement, elles ont le même caractère. Comme si en épousant Irène, il avait dû inclure Isabelle.

Il a fallu à Irène une semaine entière pour dénouer la tension qui les accablait depuis le rendez-vous avec la maîtresse d'Alma. C'est passé.

Ça va mieux, se répète-t-elle en boucle, en grimpant les escaliers, les élèves sur ses talons.

Ça va mieux, le soir, en couchant les jumelles, baisers fugaces sur les fronts.

Ça va mieux, en entourant Antoine de ses bras, pour se délasser, sans qu'il lui retourne l'étreinte. Grand pantin désarticulé.

Alma n'est pas retournée chez la pédopsychiatre. Ils ont jugé qu'elle allait bien, au regard de ses joues rouges, de ses yeux pétillants, de ses résultats scolaires brillants. Elle a cessé d'être agressive. Maud veille au grain, investie d'une responsabilité énorme pour ses sept ans : protéger sa sœur, qu'elle ne fasse pas de bêtises.

Maud est le rempart d'Alma.

– Où passes-tu les fêtes ?

Emmanuelle s'est penchée vers Irène, une tasse de café serrée entre les doigts, du café de cantine. De la salle des professeurs émane un effluve douceâtre, les murs viennent d'être repeints, les canapés neufs sont trop rigides. Tous restent debout, sans se soucier de la sonnerie : c'est la veille des vacances de Noël, il a neigé, et les élèves, absorbés par la météo, se désintéressent des cours. On peut les voir par les fenêtres surplombant le préau, courir et ramasser de la neige, qu'ils se jettent en hurlant, le menton pointé vers le ciel brumeux. Les troisièmes, massés en petits groupes, discutent et soufflent sur leurs mains.

Le bruit des conversations, les rires des adolescents couvrent un peu leurs voix.

– Le 24 au soir chez mes parents, le 25 au midi chez ceux d'Antoine. On fait la route de nuit, précise Irène. C'est fatigant, mais c'est la tradition, que veux-tu… Et toi ?

– Depuis que j'ai perdu mon fils, mes parents nous accueillent le 24. Avant, on faisait le réveillon chez nous. Mais maintenant c'est trop dur. Tout nous rappelle Gaspard.

Irène fixe celle qui est devenue son amie. Jamais elle n'avait parlé de Gaspard. Elle va bredouiller quelque chose, lui dire qu'elle s'excuse, qu'elle ne savait pas, qu'elle est désolée. Terrain glissant. Irène sait qu'on ne demande pas d'informations sur la mort d'un proche. Encore moins d'un enfant. On n'est pas un journaliste de fait divers attaché à une enquête, on ne s'enquiert pas des circonstances, on écoute l'interlocuteur sans faire de bruit, retenant sa respiration, et sur le fil des souvenirs, souvent, la confidence ultime affleure au bout des lèvres. Si souvent, on lui a posé des questions intrusives, pour la mener au bout du secret. Au bout de la culpabilité. Ce qu'elle lit dans les yeux d'Emmanuelle lui donne du courage. Les chiffres dansent dans la tête, toujours, tous les jours, Irène le sait pertinemment : « Il aurait eu quel âge ? », « À quel âge est-il parti ? », « Et moi j'avais quel âge ? »

– Moi aussi j'ai perdu une enfant, Solène. Il y a quatorze ans… Je suis navrée pour Gaspard. Il avait quel âge ?

– Il aurait dû fêter ses dix-neuf ans. Je suis désolée pour ta petite Solène. C'est mal foutu, ajoute-t-elle dans un souffle, avant de poser la main sur l'épaule d'Irène.

Pas le temps d'en dire plus. M. Minet les invite à passer la porte en tapant dans ses mains, comme des enfants que l'on appelle à table : « Il faut y aller, ce n'est pas encore les vacances ! » plaisante-t-il. Sourire radieux, rides plissées au coin des yeux. Tous le lui rendent, ce sourire, en passant devant lui, capitaine d'un bateau, parfois à la dérive, mais qui tient encore debout.

– Voilà, commence Irène, face à tous ces yeux qui l'observent.

Les corps sont fatigués, la lassitude les étreint, mais ce soir, les vacances tant attendues. Jamais les collégiens n'avoueraient leur excitation pour la magie de Noël.

– Voilà. À la rentrée, nous accueillerons Karim au collège, dans notre classe. C'est un réfugié, il a fui son pays. Il est libyen.

Les bras se lèvent, un à un. Irène s'étonne du pouvoir des mots, « libyen », « réfugié ». Elle a prononcé avec tact et émotion ces mots lourds qui en disent long. Des trémolos dans la voix, mais elle n'y pouvait rien : des semaines qu'elle cherche comment rendre concret son projet sur les migrants.

C'est Marina, la professeure documentaliste du CDI, qui lui a soufflé l'idée. Contacter l'association qui vient en aide aux réfugiés et proposer des cours de français. Irène a pesé le pour et le contre, songeant à l'investissement que cela allait lui coûter, calculant les retombées positives. Il fallait aux élèves un électrochoc, un événement qui les marque à jamais, quelque chose qu'Irène n'est pas en mesure de leur donner. Il leur fallait quelqu'un qui leur dise qu'ailleurs c'est pire que tout, que poursuivre leurs études dans un pays libre représente une chance inégalée. Il leur fallait quelqu'un de solide et de désespéré. Il lui fallait quelqu'un pour illustrer sa séquence. Quelqu'un de chair et d'os.

Un soir de novembre, Irène avait appelé l'association. Par une coïncidence étrange, c'est Karim qui avait décroché. Il dînait avec les bénévoles avant de rejoindre un campement pour la nuit, et personne n'était disponible pour répondre au téléphone du centre. Il avait décroché, « un réflexe », avait-il expliqué aux deux femmes qui l'avaient questionné ensuite – pensant peut-être qu'il appelait des proches en privé, alors que c'est interdit –, répondu son prénom « Karim », et il avait été incapable d'articuler deux mots, ne comprenant rien à ce qu'Irène demandait. Mais il avait eu une femme au bout du fil, et pour ce jeune homme de trente ans qui avait laissé toute sa famille en Libye, perdu sa sœur pendant le voyage, entendre une voix féminine dans un appareil l'avait ému aux larmes. Quand Judith, la directrice du centre, l'avait rejoint, elle avait dû retirer tout doucement le combiné des mains de Karim. Alors, lorsqu'Irène a proposé des cours de français à un réfugié, en échange d'interventions dans sa classe, Judith n'a pas réfléchi : elle a acquiescé à tout ce que demandait Irène, en surveillant Karim du coin de l'œil, Karim qui se massait les épaules et dont le cœur tanguait, cherchant à se donner de nouveau une contenance avant d'affronter le froid mordant du centre, avant de se frayer un chemin parmi les sacs de couchage et les bardas des familles entassées du campement. Pour avoir discuté un peu avec lui, Judith savait que le jeune homme voulait devenir architecte, « pour construire des maisons », pérorait-il, la bouche tordue par un rictus, montrant ses dents pourries, mal soignées. Un sourire qui a crevé le cœur de Judith.

– Pour devenir architecte, il faut parler français.

Elle y est allée franco, Judith, elle n'est pas passée par quatre chemins, et Karim a accepté. Des cours de français en échange d'interventions dans la classe d'Irène, pour raconter son périple à travers le monde à des élèves de troisième.

Judith l'a prévenue :

– Ne croyez pas que ce sera simple... Karim a accepté, car il ne voit que son rêve. Mais parler de sa traversée, c'est retourner le passé. Il a vécu des choses terribles. D'abord, en Libye, avant de fuir, mais aussi pendant son voyage. Il a perdu sa sœur.

– Ne vous inquiétez pas. Je vais préparer le terrain, lui a assuré Irène au téléphone.

Un mercredi après-midi, Irène a demandé aux filles de s'habiller chaudement. Avec Judith, elles avaient convenu d'emmener Karim quelques heures, afin de se familiariser avec la jeune femme. Maud et Alma sont montées à l'arrière et, installées sur leurs rehausseurs, elles ont cherché à en savoir davantage sur ce qu'Irène avait prévu. De mauvaise humeur, Maud observait la route, le front écrasé contre la vitre ; elle aurait préféré aller chez Isabelle, elles auraient fait un gâteau, Iris aurait raconté ses histoires, elles auraient enchaîné les fous rires dans l'immense cuisine aux hauts plafonds, les mains recouvertes de pâte à tarte. Mais pour une fois, Irène avait délaissé ses copies. Elle n'avait pas planifié de sortie avec Louise. Elle avait seulement dit à Antoine qu'elle emmenait les jumelles au cinéma. Elle ne sait pas s'il aurait bien pris le fait qu'elle les entraîne dans un camp de migrants. Elle s'était promis de le lui avouer, plus tard.

À la barrière du camp, une bénévole les avait accueillies. Maud ne boudait plus, promenant son regard ébahi à travers le grillage, scrutant les rares visages qui dépassaient des tentes. Irène, d'une voix forte et déterminée, avait expliqué qu'elle attendait Karim. Charlotte, la bénévole, était revenue tout de suite, avec, à son bras, un grand gars, aux cheveux noir de jais et aux épaules robustes : Karim.

Il avait décroché à Irène un sourire immense. Elle avait su qu'elle ne s'était pas trompée. Son intuition avait été la bonne : confier au jeune homme, pour quelques heures, la classe de 3eB. Vêtu d'un jean élimé et d'un imperméable gris, une écharpe bleu marine enroulée autour du cou, il avait suivi Irène et les jumelles dans la voiture. S'exprimant en anglais, elle lui avait proposé de s'asseoir à côté d'elle, devant. Mais

Maud et Alma, mues par une connivence heureuse, avaient dit à Irène que Karim pouvait s'installer entre elles.

Sur la route, Irène avait observé les jumelles, puis Karim, à la dérobée. Maud tentait de lui parler en français, et Alma souriait, observant les vêtements, la peau mal rasée de Karim, ses mains abîmées, son sac à dos bon marché. Irène a su qu'elle avait pris la bonne décision. Ils avaient besoin d'une nouvelle personne dans leur vie, pour faire diversion, un pied de nez au chagrin ambiant, au huis clos étouffant de leur appartement.

Irène avait toujours compté sur les autres pour aller mieux. Cette fois, elle avait provoqué une rencontre, persuadée que ses problèmes familiaux et professionnels allaient se régler d'un seul coup.

Le thé noir aux épices qu'elle avait déposé devant lui l'avait mis à l'aise. Les jumelles, encore en doudounes, le dévisageaient, bras ballants. Alma se tortillait sur elle-même. C'est Maud qui a parlé pour elle :

– Maman, on aimerait bien jouer au Uno avec Karim... Tu crois qu'il sait ?

– Je ne crois pas ma chérie... Que dirais-tu de lui apprendre ?

*

– Il a quel âge ? a demandé Oriane, en se balançant sur sa chaise.

– Trente ans.

– C'est vieux ! a rétorqué Thibaud.

– Mais non, c'est vachement jeune, surtout pour un réfugié !

C'est rare que Louise défende Irène publiquement ; malgré leurs échanges, et l'attachement croissant, viscéral, que la jeune fille lui porte, l'adolescente reste toujours dans le camp des élèves. Depuis le jour où Irène a refusé de lui faire la bise au collège, Louise a compris : leur correspondance est secrète, rien ne doit fuiter. Irène pourrait avoir des ennuis, mais celle-ci n'est pas inquiète : M. Minet la couvre, elle détient l'approbation du père de Louise, autrement dit, elle ne fait rien de *défendu*.

– Karim a fui la Libye à cause des attentats terroristes, continue Irène, sachant bien qu'il faut le dire en douceur.

– *What?*

Hugo s'exclame, mais les autres ne sont pas d'humeur à s'esclaffer. Ils sentent que c'est un sujet délicat.

– Quel genre d'attentats ?

Ils veulent qu'Irène raconte. Qu'elle aborde l'essentiel.

– Il a laissé sa famille en Libye. C'est tout ce que je peux vous dire. Il vous expliquera sa fuite, ses traversées, et son arrivée en France, il y a quelques mois.

Aucun ne bronche. Certains ont baissé la tête, d'autres attendent peut-être qu'Irène poursuive l'histoire de celui qui deviendra le trente-troisième élève de la 3eB.

– Il viendra à la rentrée de janvier. Je compte sur vous pour l'accueillir comme il se doit… Et, petite précision : il ne parle pas bien français.

Oui, au début, ils pourront lui parler en anglais. Oui, oui, Karim est gentil. Non, il ne travaille pas. Non, ses papiers ne sont pas en règle. Oui, pour l'instant, il vit dans un camp. Les « oui » et les « non » se sont prolongés. Irène a renoncé à faire cours. Elle leur a souhaité de bonnes vacances, sa voix couverte par le fracas des chaises que l'on repousse contre les tables. Elle aussi, elle a pris ses affaires et elle est sortie de la salle de classe.

SECONDE PARTIE

1.

Irène écrit. En secret. Oh, trois fois rien, lignes minuscules qu'elle ne relit pas, évaporées chaque fois qu'elle tourne la page aux carreaux dorés. Un petit cahier échappé d'une pochette au fond d'un sac à main. Parfois les mots sont agencés, forment une phrase ; parfois ils se confondent, nuage de lettres en lévitation. Pour qui écrit-elle ? Pour Solène, parfois. Pour elle-même, surtout. Elle n'écrit pas pour survivre, pas pour aller mieux. Elle écrit qu'elle n'a plus rien à tirer de l'existence, et puis elle arrache la page, comme pour se punir. Pourtant, un mari solide, sur qui elle en est sûre, elle pourra toujours compter ; et puis deux fillettes magnifiques, brunes aux yeux noisette, vives et élancées, souples et inventives ; enfin, et c'est ce qui la définit aux yeux des autres, un métier comme une vocation, avec des horaires flexibles, visant à un équilibre entre vie personnelle et vie professionnelle, un métier qui, en théorie, laisse la part belle aux relations sociales, aux loisirs, à la créativité.

Dans ce cahier, Irène gribouille, rature. Elle peut déverser la violence pour qu'elle ne se matérialise pas ; la larguer par l'écriture quand elle sent monter l'énervement, cette rage latente qui couve en elle, à même de faire éclater la déflagration. *Ça va mieux ? Pas vraiment.* Chez eux, Irène fait tout. Tout ce qu'il est possible d'effectuer, elle l'accomplit. Antoine sort les poubelles deux fois par semaine, il passe l'aspirateur quand cela lui prend. Il a le don de briller par son absence, son métier l'accapare. Il n'est pas disponible alors elle traque la saleté jusqu'à l'obsession. *Comme Isabelle,* se répète-t-elle souvent.

Les instants consacrés à Louise, les films qu'elles vont voir chaque mercredi, dans le petit cinéma d'auteur, les cafés nappés de crème : ces événements mis bout à bout lui font penser à autre chose. Grâce à Louise, elle s'extirpe de cet appartement auquel elle s'est arrimée comme une recluse qui le voulait bien. Il est temps qu'elle s'affranchisse mais cela lui fait peur.

Tout lui fait peur.

Elle écrit : *Je suis raisonnable, naïve, facile à vivre, généreuse, sensible, nerveuse.*

Elle écrit encore : *Je ne suis pas excentrique, emportée, originale, enthousiaste, positive.*

Elle écrit : *Irène n'est pas Iris.*

Elle aimerait bien. Parfois. Vivre autre chose, la vie de sa sœur. Tout faire valser, qu'on en finisse, mettre les pieds dans le plat, hurler à s'en déchirer les poumons : « Solène », « coupable », « vie gâchée ».

Les jumelles auraient trop mal, elles ne comprendraient pas. L'image d'une mère stable, c'est cela qu'il faut conserver, l'illustration pleine et entière d'un individu qui se maîtrise, dans l'insolence du tableau parfait de la vie de famille.

– Ça va mon Irène ? T'as les yeux dans le vague, t'es pas avec nous là… T'es où ?

Devant elles, les filles courent l'une après l'autre en poussant des cris suraigus. Elles sont au parc de jeux en face de chez Isabelle. L'endroit est bondé, c'est les vacances, il fait un soleil radieux, on dirait que toute la ville s'est donné rendez-vous ici. Contre le cœur d'Iris, Adèle, paupières lourdes, commence à s'endormir. Depuis qu'elle est née, la petite est lovée contre sa mère, partout. Iris ne la lâche pas. Elle l'accroche le matin, encore engourdie de sommeil, et les voilà affrontant le quotidien, agrippées l'une à l'autre, parce que c'est bien de cela qu'il s'agit : Adèle a besoin de sa mère qui ne peut plus vivre sans le corps de sa fille contre son ventre. Iris assume la maternité avec un aplomb déconcertant. Si Irène avait fait cela avec les jumelles, elle aurait gagné à coup sûr la désapprobation d'Isabelle, mais Iris ? On ne reproche jamais rien à Iris, elle avance et dégomme ceux qu'elle croise sur son passage. Isabelle a tenté, il y a longtemps, de lui tenir tête, de la conseiller sans qu'elle lui demande. Iris s'est emportée, elle a crié, tapé du poing sur la table, claqué la porte d'entrée, démarré la voiture, elle est partie, loin, en Suède, chez un ami, quelques mois, et quand elle est revenue, Isabelle et Martin avaient eu si peur de la perdre qu'ils l'ont acceptée telle qu'elle était. Irène en paie les frais, elle le sait.

– Je suis fatiguée. Au collège, ce n'est pas toujours facile.

Iris fait mine d'acquiescer.

– Allez mon Irène, haut les cœurs. C'est bientôt Noël, et tu as deux semaines de vacances.

Tu es *en vacances*. Combien de fois a-t-elle entendu cette phrase qui glisse à présent sur elle, combien de fois s'est-elle insurgée, défendue, s'est-elle justifiée de ces journées vacantes, quinze jours toutes les six à sept semaines ? Comment leur expliquer, au fond, l'épuisement moral et physique, les sept heures de cours par jour qui abîment le cœur et les jambes, à force de piétiner, de corriger derrière les dos courbés ? Antoine compare leurs salaires, incite Irène à travailler moins à la maison, pour ce qu'elle gagne, finalement.

Et Iris d'ajouter :

– Tu as terminé tes cadeaux de Noël ?

– Non, pas fini. Pas eu le temps.

Elle se ferme, Irène. Il n'y a qu'avec Louise qu'elle échange, qu'elle prend la peine de développer. Qu'elle rit aux éclats.

Ça va mieux ? Pas tellement.

2.

– Est-ce que vous baisez encore, avec Antoine ?

C'est sorti tout seul. Louise pourtant si douce avec elle, depuis quelques semaines, Louise qui ne se plaint plus, ou presque, Louise la complice, l'insouciante. Louise la joie. Louise qui lui pose cette question-là, qui force l'intimité d'Antoine et d'Irène.

Était-ce soigneusement préparé ? Ce n'est pas un message qui s'affiche sur un écran ; c'est Louise plantée devant elle, les mains dans les poches, devant le cinéma, doudoune noire et pantalon moulant. Les cernes creusent encore davantage son beau visage. Irène encaisse l'interrogation, elle pense que c'est inconvenant mais elle se contente de détourner les yeux, gênée. Louise enchaîne :

– Non, je te demande ça, parce que je sais que Papa et Maman le faisaient plus. En fait, ils s'aimaient plus depuis longtemps. Alors je me demande, si c'est normal, toi qui vis encore avec ton mari, si vous faites encore… Tu vois, quoi.

Désormais, elle la tutoie.

Elle n'a pas prononcé de nouveau le mot qui vient de l'enfoncer, qui a fait s'accélérer son pouls. Son indiscrétion la choque. Si elle lui répond, elle prend le risque d'accepter la question. Elle ne répond pas, et elle perd peut-être Louise. Elle a eu peur qu'elle parte, la dernière fois, après le refus de l'embrasser au collège. Trois jours sans nouvelles, et la gueule enfarinée dès l'entrée en classe, les yeux qui fuient, le rire trop grand pour être sincère, l'allure pimbêche qui ne lui va pas du tout.

– Non. Mais j'ai pas envie d'en parler.

– OK, OK. Moi c'est juste la curiosité qui me pousse. Rien de plus.

Irène se force à sourire.

– On y va ?

– Non. Je ne veux plus tout à coup. On marche un peu ?

Pour qu'on ne les croise pas ensemble, Irène emmène Louise dans une autre ville, à une vingtaine de kilomètres.

On les voit se promener. Elle, la femme enfant, la blonde décolorée, squelettique, sur qui l'on se retourne, avec elle, l'adulte, le dos courbé, « tu vas finir bossue », les mots d'Isabelle ; on pourrait croire… Mais Irène s'interdit d'y penser désormais.

Au soleil, leurs deux ombres se découpent sur les murs des maisons, leurs pas cadencés – même rythme saccadé, même allure, deux corps fins et longs – martèlent les pavés.

On pourrait croire qu'elle est sa mère.

3.

Le premier pas vient de Gaétan. Irène va pour le remercier, se ravise. Elle observe la scène : le collégien aborde Karim, l'air franchement content, et Irène sait bien que ce n'est pas pour elle qu'il fait cela – il la déteste depuis le jour de l'oral de lecture – mais pour lui-même. Il espère peut-être s'en faire un copain et pour cela, il faut faire comme s'ils se connaissaient déjà, pour qu'il se sente en terrain conquis. Lui faciliter la tâche, quitte à exagérer leurs rapports au début. Le collégien a recopié les questions préparées en classe.

– Comment t'appelles-tu ? *What's your name?* lui demande-t-il.

Il pose des questions faciles pour qu'il se détende.

– Karim.

Le « r » qui roule au fond de la gorge, ses sourcils broussailleux, sa haute taille qui en impose : les 3ᵉB, dociles, font cercle autour de lui.

Irène les encourage à s'asseoir.

– Qui veut bien se mettre à côté de Karim ?

Chaos de doigts et de mains levés.

– Gaétan, vas-y, assieds-toi.

Il rit, Karim, il s'attendait à autre chose, quelque chose qui dépasse l'entendement, devoir évoquer son périple, prononcer le mot « Libye » qui fait détourner le regard des bénévoles des associations, avoir la gorge nouée de ne pas pouvoir le dire, avouer que oui, toute sa famille, restée là-bas, sauf sa grande sœur avec qui il a voyagé et qu'il a perdue, plus de nouvelles, mais un favorisé, voilà ce qu'il est devenu par rapport à ses cousins restés sur place, une arme dans les mains, le cœur en feu, les yeux déments, mais non, Karim n'a rien eu à dire, les collégiens ne l'attendent pas au tournant, personne ne le secoue pour qu'il crache la vérité, celle qu'il a dû raconter aux employés de l'administration parisienne, pour obtenir un droit de séjour, être étiqueté, réfugié au lieu de migrant, c'est pas que ça sonne mieux, c'est que c'est différent, migrant on peut être renvoyé, réfugié, non, on se stabilise, on reste sur le sol français, mais il faut des papiers, oui, oui, des papiers pour rester, alors Karim y est allé, à Paris, dans les bureaux, raconter son histoire à coups de phrases alambiquées, alors il rit, Karim, quand Gaétan lui pose la deuxième question :

– *What's your favorite sport?*

– *Football.*

Lumière dans les yeux des garçons.

Ceux des filles inspectent le plafond, comme pour signifier : *Tous les mêmes.*

Il faut dire que Karim n'a pu jouer qu'au foot, pieds nus collant à la terre détrempée, un terrain vague entre deux arbres dont les branches ployaient, sur lesquelles ils s'agrippaient les uns après les autres, multipliant les tractions devant les mioches et les filles. Une bande joyeuse ignorant la guerre, jamais pour très longtemps.

– *Where do you come from?*

C'est Louise cette fois, criant son accent français avec insolence, crevant le murmure des bavardages. Elle se fiche des représailles. Pourtant, Irène les avait prévenus : celui qui poserait des questions sur le passé de Karim serait puni. Elle savait le jeune homme encore trop fragile pour aborder le sujet. Du reste, il avait demandé à Irène, dans un anglais approximatif, de ne pas en parler.

– *So, where do you come from, Karim?*

Elle cogne, Louise. Irène pourrait la gifler.

Mais pour qui se prend-elle, à tenter de savoir, à braver l'interdiction, devant tout le monde, provoquant Irène, maltraitant son autorité ?

– *Libya.*

Une ombre voile les yeux de Karim, le visage tourné vers les carreaux de la fenêtre, sur lesquels viennent s'écraser de minuscules gouttes translucides.

– *But, where, exactly?*

Alors Irène qui marche vers Louise, qui remonte le rang, vers le tableau, ça suffit Louise, on avait bien dit qu'on n'aborderait pas le sujet, tu sors de la classe, tu prends tes affaires, oui, je te vire, c'est bien cela, tu as parfaitement compris, tu te lèves et tu sors ou je vais m'énerver !

Karim, subitement, debout, devant Irène, qui la fixe et qui lui dit qu'il a compris.

Qu'ils veulent savoir et que c'est évident.

Que ce ne sont que des enfants.

Irène le guide vers l'ordinateur, allume le vidéoprojecteur. Sur l'écran blanc, des paysages à couper le souffle ; si M. Minet ouvrait la porte à ce moment-là, il penserait qu'Irène donne un cours de géographie. Karim leur montre des images de son village natal, niché au creux des montagnes ; au loin, l'on devine un désert rocailleux.

De son voyage, on comprend les mots « bus », « canots », « camions », « à pied », « traversée », « fatigue », « peur ». Ils sont pendus à ses lèvres, les 3eB ; comme si cela pouvait exister, au XXIe siècle, un jeune homme qui traverse d'autres pays pour fuir sa terre natale alors même qu'il y est viscéralement attaché. On ne fuit pas ce qu'on aime, c'est contre nature. On ne force pas ses jambes à progresser des heures lorsqu'on croule de fatigue ; on ne chemine pas jusqu'à l'anéantissement. Pendant son périple, on lui a murmuré plusieurs fois *Paris, Paris is possible,* tu vas voir, tes papiers tu les auras, tu te construiras une vie, tu verseras des larmes au souvenir des massacres, mais tu n'as que trente ans, tu as *la vie devant toi.*

Et il le leur dit, vous avez *la vie devant vous,* même si ses yeux trempés semblent dire le contraire.

– En fait, on est sans importance !

Toute la classe se retourne.

– Que veux-tu dire, Gaétan ? demande Irène.

– Karim, il a tout vécu. Il a connu l'horreur. Donc nous, ce que l'on vit, à côté, c'est sans importance.

Irène croise le regard de Louise, elle s'est tue, elle fait la gueule. Elle en aura pour des jours à regagner sa confiance par messages, mais elle ne pouvait pas faire autrement. Louise a dépassé les bornes.

La sonnerie retentit. On entend les élèves des autres classes se précipiter dans le couloir, leurs pas lourds sur le carrelage orange, le bruit des sacs en toile que l'on balance à côté des casiers métalliques. Dans la classe d'Irène, personne ne s'est levé. Insensible à l'alarme signifiant la fin des cours, ignorant le code, Karim poursuit son récit.

– On peut y aller, madame ? demande Thomas d'une voix timide.

– Oui. Oui bien sûr, allez-y.

En partant, certains s'arrêtent pour lui dire au revoir, à bientôt, merci.

Karim sourit distraitement, en rangeant ses affaires – un stylo vert, un cahier à spirales d'écolier – dans un sac à dos. Il remercie Irène, passe la porte.

Il n'y a plus rien à ajouter.

De longues minutes après qu'ils sont partis, la salle de classe résonne encore des mots brûlants du jeune réfugié.

4.

Comme dans une amitié classique, les deux femmes se sont réconciliées. Irène s'est radoucie, elle a eu peur que Louise lui en veuille de s'être emportée devant les autres. Car la collégienne l'obsède. À travers les messages qu'elle lui envoie, elle se libère d'un poids. C'est comme un journal intime, c'est comme aller chez le psy, c'est comme se confier à une amie chère. C'est facile, naturel ; cela se déverse, et Louise, qui est si différente dans ses textos, lit et répond, évacuant elle aussi, tout ce qu'elle tait au collège.

Irène ne peut plus se passer de leurs échanges.

Elles comblent un vide, une béance laissée par la perte. Un pas de deux, dans une société qu'elles appréhendent chacune à tâtons, après des nuits sans sommeil et des heures de silence, tous les sens en alerte.

Elle lui dit tout ce qu'elle est en mesure d'avouer, tout ce qui imprègne son quotidien. Mais elle filtre, Irène. Elle tait son couple qui va mal, ne dit rien d'Antoine, ne décrit pas sa démarche nonchalante, son pas traînant qui l'exaspère, la colère qui monte le soir en même temps que le son de la télévision, leurs deux corps séparés, désormais. Elle ne raconte pas la silhouette alourdie au réveil, les yeux englués de sommeil, passe sous silence l'angoisse d'en parler, aussi, parce que mettre des mots sur la séparation des corps pourrait signifier « divorce », et Irène, comme Antoine, n'en sont pas capables, ils n'ont pas le cran pour ces choses-là. Et dans leurs familles, on ne divorce pas.

En retour, elle reçoit beaucoup. Beaucoup trop. La collégienne lui voue une confiance aveugle et ose se décharger. Irène imagine sans peine ce qu'elle vit : la lourde tâche de s'occuper de son petit frère, puisque Maxime n'y parvient plus, les notes en chute libre, les engueulades avec les copines, et aussi, étonnamment, les premières cigarettes, l'alcool défendu, les soirées pyjama, jusqu'à pas d'heure.

5.

Dans le couloir aux murs blancs, Antoine s'était redressé ; il avait relevé Irène, recroquevillée sur elle-même. Il l'avait presque portée, chose effroyable, alors que c'est son enfant qu'il aurait dû tenir entre ses bras. « Solène est morte, il n'y a plus rien à faire », avait-il murmuré à la silhouette fantomatique, aux bras et aux jambes de coton, poupée de chiffon désagrégée. Elle s'était nichée au creux de l'épaule d'Antoine et elle lui avait murmuré qu'elle ne s'en sortirait pas. Tout, absolument tout était sa faute. Alors le cercueil minuscule, la mise en bière, les fleurs aux couleurs fanées, les airs compatissants, les torrents de larmes, Irène n'aurait pas supporté. Elle n'avait pas eu le *courage*, mais en possède-t-on encore après cela ? L'enterrement de Solène s'était fait sans elle, Isabelle avait repris sa place de mère, elle l'avait remplacée ; c'est elle qui avait tenu la main d'Antoine et celle d'Iris. Pourtant, Solène en pleine santé. Pourtant, l'élan de vie de Solène, les yeux derrière les paupières veloutées, les lèvres fines qui laissaient présager le sourire éclatant. La culpabilité a rongé la jeune femme jusqu'aux tréfonds de son corps. Une seule fois, Isabelle le lui a rappelé, quelques jours après la naissance des jumelles : « Ne les laisse pas seules dans leurs berceaux » ; comme si Irène ne s'en souvenait pas.

Trois minutes. C'est le temps qu'il lui a fallu pour se faire un café et pour que le bébé cesse de respirer. Trois minutes comme le temps d'arrêt du métro, faire la queue à la boulangerie, se brosser les dents selon les recommandations officielles, se farder les joues et appliquer le mascara, manger un yaourt ou s'endormir d'épuisement : après l'accident, Irène a imaginé tous ces actes anodins, ces trois minutes de vie qui s'effacent de la mémoire aussitôt terminées, auxquelles on ne songe plus à mesure que la journée avance. Trois minutes d'inattention et l'agonie du monde. Son monde.

6.

Il est trois heures du matin. Irène a les yeux agrandis par la lumière bleutée de l'ordinateur. Google lui annonce plus de mille réponses à la question qu'elle lui a posée : « relation élève fille professeure femme ? ». Elle espère lire une histoire similaire. Elle scrute les forums. Mais rien ne renvoie à ce qu'elle vit. Le dégoût la ceinture en pleine nuit, la nausée la trouve encore endormie au petit matin. Ce qu'elle expérimente avec Louise la revigore et la réchauffe, cela lui remonte le moral, l'adrénaline qu'elle ressent au contact de l'adolescente la fait se sentir en vie, oui, c'est cela, comme si elle retrouvait la force de vaincre les difficultés. Louise a mis fin à la noirceur de son quotidien. Mais lorsqu'elle y pense, à cette histoire, à leur relation, tout s'effondre et elle se sent comme à la limite d'une falaise, les deux pieds à deux centimètres du bord, tétanisée, la gorge en feu ; le mardi soir, elle n'y peut rien mais son ventre se tord à l'idée qu'elle va passer une demi-journée avec Louise, cela la broie de l'intérieur, elle se dit que ce n'est pas normal, pas normal d'aimer si fort une gamine de quatorze ans, pas normal de le vivre si mal en dehors de ces instants partagés qui l'enchantent, pas normal de l'appréhender de la sorte, pas normal de mentir et de dissimuler, à tout le monde.

Et Irène ne mène pas le jeu, elle en prend doucement conscience. La jeune fille décide de tout : de l'heure à laquelle elle daignera répondre aux messages, du long-métrage qu'elles iront voir au cinéma, souvent un film d'horreur, et les nuits d'Irène sont désormais peuplées de cauchemars grotesques, dont elle se réveille hagarde. Elle décide des rues qu'elles empruntent, des sujets de conversation qu'elles abordent. Irène n'ose jamais froisser Louise et elle a envie de l'aider à s'en sortir. Les notes de la collégienne remontent doucement, et Irène en tire une joie profonde, comme si c'était son bulletin qu'elle brandissait sous le nez d'Isabelle et Martin.

Leur complicité l'enchante. Irène se sent supérieure à elle, elle se sent admirée, elle est devenue indispensable pour une autre. Avec ses mots, Louise dit : « j'ai besoin de vous », et Irène tente par tous les moyens de lui répondre. Sans la faire attendre. Sans la froisser. Sans qu'elle se détache et prenne soudainement le large.

À l'image des adolescents de sa classe, Irène garde son téléphone dans la poche arrière de son jean ; a-t-elle peur qu'Antoine y jette un coup d'œil ? Que lui dirait-il, s'il prenait connaissance de leurs échanges ? Qu'imaginerait-il ?

Il ignore ces mercredis après-midi, ces films qu'elles regardent ensemble, parfois main dans la main lorsque Louise a trop peur et qu'elle cherche une présence rassurante ; il ignore ces cafés et ces pâtisseries qu'elles s'enfilent en hurlant de rire. Irène raconte son enfance, sa vie de lycéenne, sa relation avec sa sœur, sa rencontre avec l'homme de sa vie, son attirance délirante pour ce jeune garçon à la beauté chiffonnée, aux vestes claires et aux cheveux déjà dégarnis, il y a vingt ans, vingt ans, une vie, presque, et elle se noie dans les yeux de Louise mais refuse de lui confesser la distance qui les hante désormais.

Irène croit qu'elle n'aime plus Antoine. Elle va le lui dire, dans quelques semaines, quand elle aura de l'entêtement, et pour l'instant elle s'abreuve de l'intrépidité, de l'insouciance de Louise qui dit ce qu'elle pense et qui ouvre sa gueule à tout bout de champ.

Fascination immense pour cette adolescente qui emmerde le monde entier, à qui elle a fini par donner son numéro de téléphone personnel.

7.

Irène nage. L'eau l'oblige à se dénuder ; ici, à la piscine municipale, elle transgresse ses propres codes, vestiges d'une enfance étriquée. Elle n'a jamais été si bien que dans l'eau chlorée, la tête immergée. Allongement du corps à la surface, battement des pieds en cadence pour ne pas sombrer. Elle abandonne avec grand fracas toute sa pudeur.

Irène a choisi le premier couloir, celui des bons nageurs.

Elle qui a tant de mal avec le regard des autres, à la vue de tous, elle avance sereinement, port altier dans son maillot une pièce. On montre qu'on se connaît, qu'on se reconnaît malgré le bonnet de bain, les lunettes en plastique, les cheveux tirés en chignon ; *bonjours* feutrés au cœur de l'espace saturé, mais pas plus, on économise les discussions pour les libérer sur les bancs en plastique, après la douche. On évoque la « bonne fatigue » – expression du vestiaire – quand la peau tiraille, rougie par l'effort, que les rides s'accentuent et que le cœur bat encore des allers-retours identiques. Elle songe qu'ils sont tous logés à la même enseigne. On ne peut rien dissimuler.

Cette fois, Irène n'a même pas songé à mentir. Elle a exprimé le désir d'être seule le dimanche matin, « pour souffler ». Elle a pris le bus à neuf heures et deux minutes, il était quasiment désert. Son vieux sac de lycéenne posé sur la banquette, Irène s'est laissé bercer par les mouvements du car.

Elle n'a pourtant pas entamé son second kilomètre de crawl qu'elle s'arrête net. Dans l'eau, une main agrippée à l'échelle. Louise semble l'attendre. Hallucination ? Non, pas. Irène lui avait dit qu'elle nageait deux kilomètres à la piscine municipale. Elle lui a décrit cette pause salutaire, ce regain d'énergie retrouvé.

– Qu'est-ce que tu fais là, Louise ?

– Mon père m'a déposée. J'avais envie de te faire une surprise.

Irène ne répond pas. Le sourire arboré par son élève cache mal ses yeux qui fixent sa poitrine, son corps flottant dans l'eau, puis son bonnet en lycra. D'un mouvement brusque, Irène se déplace. La jeune adolescence porte un maillot deux-pièces noir, de ceux que l'on réserve pour la plage, l'été. Étrangement, alors qu'Irène considère désormais Louise comme une amie véritable, une confidente – malgré les années qui les séparent –, elle se sent mal à l'aise ; elle ne saurait expliquer pourquoi elle n'est pas si enthousiaste de la voir.

– Je pensais que tu serais contente. Tu en fais une tête !

Louise éclate de rire, éclabousse Irène. Le maître-nageur s'approche.

– C'est ta fille ? demande-t-il à Irène, en fronçant les sourcils.

Très à cheval sur le règlement, il montre d'un signe de tête la feuille blanche sur laquelle il a écrit au marqueur : « Bons nageurs ».

Louise a le don de battre en brèche toutes les règles établies.

– Ouais, c'est ma mère, répond Louise du tac au tac.

Irène ouvre des yeux ronds, va pour répliquer, mais la jeune fille la fusille du regard.

– Alors, on nage les filles ! On garde la ligne pour cet été !

Le clin d'œil déstabilise Irène. *C'est une enfant*, pense-t-elle très vite, e*t des adultes se donnent le droit de la séduire en toute impunité*. Elle n'aime ni l'œillade ni le regard clandestin sur son corps de jeune fille, sur son corps si maigre et si blanc, sur sa poitrine gonflée et ses hanches parfaites. Pourtant, Irène sait qu'elle ne peut rien dire. Elle n'est pas sa mère, après tout, Louise fait ce qu'elle veut de son corps, c'est son père qui doit la surveiller, prendre en considération la beauté ineffable de sa fille. Louise pourrait déraper, Irène a vu les regards des garçons de la classe. Irène ne peut pas protéger Louise contre son gré, contre les pulsions et sa beauté qui dérape, contre sa transformation d'adolescente, parce que c'est bien de cela qu'il s'agit, la métamorphose des filles à partir de la quatrième, dans un boucan épouvantable.

Irène est frappée par le niveau de Louise. Le ballet de leurs deux silhouettes filiformes régénérées par l'eau tiède opère le va-et-vient. La collégienne n'avait pas menti : la gymnastique lui a conféré une souplesse et une endurance telles qu'elle avale les vingt-cinq mètres sans effort. À l'approche du mur, Louise amorce le virage en culbute, et, les bras le long du corps, elle vrille et repart plus vite, sous les yeux ébahis d'Irène. *Une leçon de natation, voilà ce qu'elle est en train de me donner*, songe-t-elle, épouvantée à l'idée que les rôles puissent s'inverser. Jamais elle n'a maîtrisé le virage en crawl. Pourtant, deux fois par semaine après l'école, Isabelle conduisait ses filles au cours et patientait dans les gradins.

Irène en garde un souvenir cuisant. Mais la natation est restée en elle comme un tatouage. Devenue adulte, elle s'est efforcée de la transformer en plaisir.

– Génial, ça faisait super longtemps que j'avais pas nagé. Papa va être content, lui qui dit que je ne fais plus aucune activité. C'est top, non ?

– Tu ne m'avais pas dit que tu avais suivi des cours de natation.

– Non. Mais on se dit pas tout, si ?

Dans son journal, Irène écrit : *À quel jeu Louise joue-t-elle ? Elle me semble tout à coup insaisissable, si surprenante. Suis-je capable de poursuivre notre amitié, en ai-je la force, le désir ? Elle ne me dit pas tout, elle me cache des choses. Moi non plus je ne partage pas ma vie intime, j'épure, je fais tout pour ne pas transgresser, comme je l'ai toujours fait.*

8.

– On va pas chez Mamie ?

Maud et Alma, épaule contre épaule, assises sur le banc de l'entrée. Irène les dévisage. Elles grandissent, estime-t-elle en observant leurs visages graves ; elle sait qu'elles passent communément du rire aux larmes, et que leur sévérité naturelle cache souvent un élan de tendresse ou d'euphorie. Elles auront huit ans, bientôt.

– Non, pas cet après-midi.

– Quoi ?

Maud crie « c'est pas juste », avant qu'Irène ne leur explique.

– Pourquoi on est privées d'y aller ? On n'a rien fait de mal ! s'exclame la petite fille, en prenant la main de sa sœur, comme pour la prendre à témoin.

Deux contre le reste du monde. Cela a toujours fonctionné.

Alma semble se retenir. Elle est l'exact contraire de Maud, qui tempête à sa place.

– Vous n'êtes pas punies…, commence Irène, en s'approchant de ses filles.

Elle caresse distraitement la joue rouge d'Alma.

– C'est Karim qui vient ?

Maud affiche soudain le sourire tant espéré.

– Non ma chérie, non pas aujourd'hui. Quelqu'un d'autre vient nous rendre visite…

Irène doit masquer son trouble, calmer les cognements de son cœur qui martèle sa cage thoracique, à l'image d'une grosse caisse dans un orchestre symphonique.

– C'est une jeune fille, l'une de mes élèves.

– Tu vas lui faire un cours de français ? demande naïvement Alma.

L'écolière a ôté son bonnet et ses moufles, accroché sa doudoune violette à la patère.

– Mais non, rit Irène, en voyant leurs moues déconfites. Non, Louise va jouer avec vous, on pourra faire un gâteau, elle veut apprendre à vous connaître… Elle a un petit frère, plus petit que vous deux, ajoute-t-elle précipitamment.

Irène a proposé à la jeune fille de venir ce mercredi, sans vraiment réfléchir. Puis elle a repensé à sa promesse au Salon du livre, elle a pensé que cela lui ferait plaisir. Louise a accepté tout de suite, et il était trop tard pour reculer. Inviter Louise chez elle, dans leur appartement, alors qu'Antoine n'est pas là. *Oui,* s'était-elle dit, *mais à une condition : que Maud et Alma soient présentes.* Qu'elles soient son excuse, et son courage. Pour se donner une contenance si cela tourne mal. Mais elle avait hâte, l'envie la taraudait de faire pénétrer Louise dans son intimité la plus fine.

– Vous n'êtes pas contentes ? Je pensais que cela vous ferait plaisir. La dernière fois, vous aviez joué avec Karim…

– Et on devra pas le dire à Papa et à Mamie ?

Depuis longtemps, Irène a renoncé à leur transmettre la force du « ni ». Mais il est là, sous-jacent, puissant, ce « ni », ni à Papa, ni à Mamie, ni à Papi, ni aux copines de la récré, ni à la maîtresse, ni à la boulangère du quartier, ni à qui que ce soit ; il détermine la capacité d'Irène à mentir effrontément, sans rougir, sans un regard en arrière. Il garantit son énorme tromperie.

– Vous ne direz rien du tout pour l'instant. Vous me le promettez ?

– Oui ! grondent-elles en chœur, ravies de partager un énième secret.

Le pacte qui les lie leur rendra leur complicité. Irène en est persuadée.

La sonnerie de l'appartement résonne dans leurs chambres. Irène s'est allongée sur son lit, Maud et Alma ont installé leurs poupées le long du mur ; elles leur donnent à manger à tour de rôle. Accroupies devant les têtes nues au parfum caractéristique, des notes de vanille qui donnent mal au cœur, elles ont tenté d'en savoir plus sur Louise. Irène n'a rien laissé paraître et n'a rien répondu. Elle préfère qu'elles se fassent leur propre idée. Elle espère que la jeune fille leur fera bonne impression.

Et puis, alors qu'elles l'attendent depuis plus d'une heure, elle est brutalement là, sur le pas de la porte. Le père s'efface dans l'ombre du couloir pour la laisser devant. Il tient la main de Sasha, caché derrière son pantalon en velours. Irène n'a pas imaginé qu'elle viendrait accompagnée. Comme s'il lisait dans ses pensées, Maxime lui annonce qu'il ne restera pas, qu'il dépose seulement sa fille. Qu'il la reprendra vers dix-sept heures, est-ce que cela convient ?

Durant le temps que dure leur échange, Louise ne bouge pas. Irène sent les mains de Maud et d'Alma se glisser dans les siennes, observant non pas la jeune fille, mais le petit garçon timide qui ne montre pas ses yeux. « Oui bien sûr », dit Irène. Sans lui, la situation pourrait sembler normale. Mais le père dépose la fille comme à un goûter d'anniversaire et Irène se sent confrontée à cette situation inédite et dérangeante : elle a invité *une élève* chez elle.

Mais elles jouent ensemble. Cela va de soi. Louise semble avoir de nouveau sept ans, ses longs cheveux blonds désormais ramassés en tresse comme une Indienne, à genoux sur le tapis. Elles jouent à se coiffer, et la collégienne a l'air d'aimer cela, de s'occuper des fillettes, de leur parler, de les complimenter. Elle leur pose des questions. Maud et Alma se sentent importantes, mises en valeur. Irène s'est retirée de la conversation à laquelle elle ne désire pas prendre part. Bêtement, elle pensait qu'avec Louise, ce serait comme avec une amie ; qu'elles prendraient un café tandis que les jumelles joueraient dans le salon ou retirées dans leur chambre, qu'elles auraient une conversation d'adultes ; mais c'est ignorer que Louise porte encore en elle les vestiges de l'enfance, qu'elle n'est pas plus une adolescente qu'Irène n'est une adulte responsable. Cet après-midi-là sonne le glas des âges, l'abolition des générations : il s'agit de jouer à la poupée si on le désire, sans rougir, sans culpabiliser, sans surtout se demander si c'est *de son âge*. Irène ne reconnaît ni la Louise du collège ni celle avec qui elle échange chaque soir par messages ; c'est une autre et c'est bien elle, à présent dépucelée de toute pudeur.

– Comment il s'appelle ton frère ? Et il a quel âge ?
– Sasha. Il a cinq ans.
– Tu joues aussi avec lui ?
– Bien sûr. Tout le temps.

Les filles se sont attablées. Irène a fait une tarte aux pommes, isolée dans la cuisine, et ses mains pétrissant la pâte, elle a pris conscience que ce que voulaient les jumelles, c'était Louise, pour elles seules, alors elle la leur a donnée. Irène s'est sacrifiée, songeant qu'elle aurait d'autres heures volées, dans un café ou au cinéma, dans un parc ou sur le trottoir, pour être avec la jeune fille. Maud et Alma irradiaient. Cela n'était pas arrivé depuis si longtemps. Même avec Karim, elles avaient gardé cette retenue propre aux enfants, qui confère à la timidité une gêne idiote. Irène s'est sentie de trop mais n'a rien dit, elle a écouté leur babillage, embarrassé au départ, puis carrément explosif.

– C'était trop bien avec Louise, Maman, a dit Alma en pouffant.

– Je suis contente. Vous vous êtes bien amusées.

Maud a froncé les sourcils en posant la question qui lui brûlait les lèvres. Irène s'est sentie gênée face à sa propre fille. Prise à son propre piège.

– Mais tu l'as invitée pour toi ou pour nous ?

9.

Louise est anorexique. La pensée vient la cueillir alors qu'elle s'apprête à corriger ses copies. Comment Irène a-t-elle pu passer à côté ? Une onde de choc parcourt son corps à elle : elle revoit les bras maigres, le visage blanc, émacié. Elle vient d'avoir quinze ans.

Louise est anorexique. Son père, l'autre jour, devant la porte, sur le seuil : « Louise a un appétit de moineau ! » en riant. Et les cafés, les chocolats, dans les bars ou les restaurants, et les toilettes juste après le pain au lait, le croissant, la brioche viennoise. À s'en faire vomir. Et le sourire maladroit en revenant s'asseoir.

Louise est anorexique : ce mot, Irène le connaît. Il fait partie d'elle-même, de son histoire, de son passé aux fantômes terrifiants ; il se manifeste chaque fois que la peur ressurgit, que le chagrin la décompose, que Solène lui apparaît en songe.

Elle s'est vengée de la mort de sa fille. Elle a voulu effacer le corps qui l'avait portée, nier le ventre rond et les cuisses aux reflets violacés qui disaient les vergetures et la rétention d'eau. En refusant de s'alimenter, elle a déclaré la guerre à ce qu'elle était devenue depuis neuf mois : une mère porteuse. Car c'était cela : Solène dans un bain tiède, sortie de la nappe qui l'enveloppait, a cessé de respirer parce que le jour était pire que la nuit. Irène a préféré défoncer le corps qui l'avait mise au monde plutôt que de cesser de respirer. Incapable de prendre la décision d'en finir, la douleur l'a propulsée vers un univers de règles et de codes, où il a fallu se plier aux exigences de la beauté féminine. Jamais Irène ne s'était comparée aux mannequins des magazines, jamais elle n'avait pris pour exemple les jeunes femmes dénudées, minces à faire peur. Jamais encore elle n'avait pris conscience de la puissance de la nourriture sur le corps.

Excellente élève, Irène a suivi à la lettre les brochures diététiques et les articles dédiés aux régimes amincissants ; elle a traqué le moindre gramme à pieds joints sur la balance ; elle a pesé des fruits et des légumes. Il fallait compter. Plus littéraire que scientifique, la jeune femme a sombré dans les calculs mentaux, sous les yeux d'Antoine qui ne soupçonnait rien, ne devinait rien, et se bâfrait lui-même dans un chaos indéfinissable. Trois mois après avoir accouché, Irène pesait quarante-six kilos. Elle l'a écrit sur un carnet à spirales. Cela a sonné comme une victoire.

Mais elle n'a pas arrêté. Elle se voyait toujours ronde, grosse, informe, de son ventre jaillissant Solène, s'arc-boutant sur ses chevilles enflées. Le miroir ne lui renvoyait pas l'image de celle qu'elle désirait devenir. C'est à l'hôpital qu'Antoine est venu la chercher, un soir où elle s'était évanouie sur le carrelage de la cuisine, son front percutant l'arête d'une chaise. Elle était restée prostrée sur le sol froid, incapable de bouger, les tempes sifflantes, le sang perlant sur les sourcils.

Ces mots : « On doit vous hospitaliser. »

Comme une farce du destin, une blague de mauvais goût, on l'a transférée dans le même hôpital où elle avait accouché de Solène. Un an après, elle a eu la sensation d'avoir laissé sa vie dans cette pièce blanche aux volets roulants. Une petite chambre avec vue sur le parking et les barres d'immeubles au loin. Un an après, et la douleur aussi forte, infernale. Isabelle avait visé juste avec les mots des autres : « Tu fais une dépression, tu es anorexique, Irène. » Rassurante, l'étiquette. Sa mère n'avait pas pleuré, elle n'avait pas mêlé son chagrin à celui de sa fille – Isabelle cache ses larmes depuis l'enfance – mais Irène avait senti sa panique derrière les grands discours moralisateurs. Il n'aurait pas fallu, dans l'entourage d'Isabelle, que l'on connaisse son état de santé.

Elle avait eu besoin d'un an de plus pour s'en tirer, oser mettre des mots sur la souffrance. En arrêt longue durée. Elle était revenue au collège, comme après un congé parental. La honte tambourinant à ses oreilles et le cartable à son bras, elle avait repris ses fonctions comme un petit soldat. Puisqu'il le fallait. Puisqu'elle était guérie.

Alors il faut que Louise, Louise dont le corps s'efface, guérisse elle aussi, qu'elle s'en sorte, qu'elle ait son brevet. Elle n'a plus qu'une idée en tête : aider cette gamine.

Irène a la sensation d'avoir tout manqué.

– Tu ne manges rien ?

– Non, merci. Je n'ai pas faim. J'ai bien mangé à midi, sourit Louise.

Il est quinze heures trente. Un mercredi pluvieux, où elles se sont réfugiées, non pas dans leur café habituel fermé pour travaux, mais dans un restaurant. Les fauteuils en velours rouge, la décoration soignée, tout cela impressionne un peu la jeune fille. Elle reste en retrait. Elle ne plaisantera pas avec le serveur, elle ne sautillera pas sur le chemin des toilettes comme une petite fille pour amuser Irène. C'est fou, les habitudes. Les rituels. Cela prend en quelques mercredis. Brutalement, c'est comme si elles repartaient de zéro. Autre lieu. Autre décor. Comme le début d'un acte que le spectateur découvre une fois le rideau ouvert.

– Tu es sûre ? Il y a un fondant au chocolat. Tu adores.

– Oui. Mais non. Je t'ai dit, je n'ai plus faim du tout.

– OK. Je trouve cela dommage. Et si on partage ?

– Irène…

– Louise, je vais mettre les pieds dans le plat. C'est trop important. Je pense que tu ne manges pas assez.

– Oh, non. Pas encore. Pas toi. Papa me le dit tous les soirs.

– Il a raison.

– Tu es de son côté, maintenant ?

Louise est sur la défensive. Irène n'obtiendra rien, elle le sait, mais étrangement elle persiste à la pousser dans ses retranchements. Elle veut l'agacer, la mettre en colère, la faire exploser, peut-être pour la prise de conscience tant espérée. « Anorexique. » Le mot ne passe pas ses lèvres. Il est violent, il lui ferait du mal, la détruirait. Irène ne veut pas détruire Louise. Irène veut l'aider à s'en sortir.

– Je peux t'emmener voir quelqu'un, Louise. Tu sais, moi, il y a quelques années…

– Putain, mais Irène je ne suis pas toi ! Arrête de toujours tout rapporter à ton passé et à ton histoire. J'en peux plus, là.

– Désolée.

Irène l'est profondément. Elle s'en veut déjà d'avoir comparé leurs existences, d'avoir conduit Louise à s'énerver contre elle.

– Je m'inquiète pour toi, c'est tout.

– Ouais, je sais. Papa aussi. Tout le monde s'inquiète pour moi. Mais je vais bien, d'accord ? affirme-t-elle.

Elle reprend son sac, enfile son manteau.

– Tu ne veux pas que je te reconduise ?

– Non, je vais prendre le bus et marcher, merci.

C'est la première fois que Louise s'en va de cette manière. Elle laisse Irène seule dans le café. Le serveur, embarrassé, vient prendre l'addition.

– L'adolescence, un âge difficile, hein ? ironise-t-il, comme pour détendre Irène.

– Vous ne croyez pas si bien dire, murmure-t-elle en insérant sa carte bleue dans la machine.

– Vous inquiétez pas, ce soir, quand vous rentrerez, tout sera oublié. J'ai la même à la maison, plaisante-t-il, en essuyant la table.

Elle ne songe même pas à le contredire.

Elle aime désormais l'idée que certaines personnes puissent se tromper sur leur relation défendue.

– Vous avez sûrement raison.

Irène remercie, sort du café, traverse la rue. L'air s'est brutalement rafraîchi, elle noue son foulard autour du cou, rabat sa capuche, se fige : à quelques mètres, devant elle, sur la chaussée, Louise ingurgite un énorme pain au chocolat ; elle le mange debout, à grandes bouchées ; le regard perdu, la jeune fille s'engouffre dans le bus qui la ramènera chez elle.

10.

De ses deux mains, elle ouvre le petit placard écru de la cuisine, celui qui contient – elle le sait, elle le sent dans son estomac grognant déjà – ce qui va la conduire, dans dix minutes à peine, à dix centimètres au-dessus de la cuvette des toilettes. Pour l'instant, elle se cramponne presque aux deux portes, les bras tendus, le menton pointé vers le meuble, les yeux mouillés, cherchant ce qui pourrait combler ce vide indescriptible, ce trou béant qu'elle ne parvient pourtant jamais à remplir parfaitement. Ce qu'elle aimerait, c'est que les secondes s'étirent pour qu'elle puisse avoir le choix. Prendre une décision, peser le pour et le contre, se demander si… Une toute petite question, cela lui ferait un bien fou. Mais c'est le corps qui parle ici, c'est lui qui s'exprime. La voix dans la tête s'est amoindrie, jusqu'à s'éteindre complètement, pour laisser place au ventre, qui n'en peut plus de vouloir, de désirer.

Si l'on prenait une photographie, là, tout de suite, maintenant, on observerait les lèvres serrées qui font des plis sur la bouche, ces plis se retrouvant sur le front aussi et qui se remarquent seulement si l'on prend le temps de s'accrocher aux détails. On pourrait penser qu'elle s'apprête à cuisiner, qu'il est déjà midi, qu'elle a faim... Faim. C'est le mot qui résonne depuis deux heures dans sa tête à elle, comme une litanie, ces quatre lettres qui résistent à toutes les activités qu'elle a entreprises jusqu'alors – lire, faire ses devoirs, écrire un message, visionner un film, prendre un bain brûlant ou une douche glacée – et qui n'ont jamais fonctionné, qui ne l'ont jamais fait dévier de cet objectif, de cet arc tendu comme un fil invisible reliant le salon au petit placard écru de la cuisine.

Mais sur cette photographie prise à son insu, un œil aguerri y remarquerait une incohérence. L'étrangeté de la situation. Et ce détail de prime abord insignifiant, viendrait éclairer la scène, la rendre plus compréhensible, moins banale, moins quotidienne.

Ce détail, ce sont ses veines. De minuscules lignes bleues, qui courent le long de ses bras rejoignant le dos lisse des mains juste avant les doigts. Ces veines bleuâtres, qu'elle trouve hideuses et qu'elle cache d'habitude puisqu'elle les abhorre, apparues peu à peu, depuis des semaines ou des mois, peut-être, elle ne saurait le dire, elle ne se rappelle pas. Ces veines qui paraissent translucides sur le cliché, et que l'on découvre après plusieurs minutes d'observation, sautent alors au visage, laissant l'observateur surpris, puis décontenancé. Et ce n'est qu'après cette découverte que tout apparaît. Ce n'est qu'après le plus infime détail que l'œil se recale et voit quasiment tout : le débardeur blanc qui flotte sur des hanches invisibles, les bras frêles, les maigres épaules, le cou mince, blanc, tendu, les cheveux très bruns, très courts, créant un contraste, le seul, et de toute beauté, sur la photographie.

Cependant, jamais aucun photographe ne pourra immortaliser cet instant. Il n'appartient qu'à elle, il est bien trop intime. Il est un soulagement, un souffle d'air pur avant le grand choc, le saut en avant, l'irrémédiable. Parce qu'elle va le faire. Parce que c'est sans issue. Le piège s'est refermé sur elle, avant même qu'elle y pense, qu'elle y réfléchisse, un tant soit peu. Le piège, c'est le placard, celui-là même qu'elle vient d'ouvrir, n'y tenant plus.

En une fraction de seconde, les mains attrapent, descendent, remontent, dans un mouvement de va-et-vient qui pourrait être élégant s'il n'était pas si rapide, si ambitieux : cinq paquets de biscuits au chocolat, des gâteaux d'enfants, promis croustillants, fondants, un pur plaisir, un régal sur les cartons de couleur. C'est alors qu'elle s'arrête, attirée par le halo de lumière qui se dégage maintenant du volet à peine fermé. À l'intérieur, le silence est lourd, pesant. Elle tourne lentement la tête vers la fenêtre et d'un mouvement, se redresse, d'un geste calme, étudié, referme les persiennes. Aujourd'hui, elle n'a ni le courage de regarder dehors ni la patience d'attendre plus longtemps. Elle a déjà trop attendu. Et puis le mal est fait : la suite, elle la connaît par cœur, et elle veut se l'infliger, encore et encore.

Le dos se redresse, puis les épaules. Les mains agiles ouvrent avec précision la première boîte. Un bruit de carton qui se déchire, puis c'est le plastique transparent, enfin, qu'elle arrache avec technique. L'odeur se répand, par effluves, et quand elle porte le premier biscuit à sa bouche semi-ouverte il est déjà trop tard : le deuxième arrive, à peine l'autre enfourné, puis le troisième, le quatrième, le cinquième. Une valse incohérente et dramatique de gâteaux bon marché, *dégueulasses* dirait sa mère qui n'est plus là. Pas biologiques pour un sou. C'est à la fin du quatrième paquet qu'elle commence à flancher un peu, à sentir le poids au-dessus du nombril et la nausée qui s'installe. Après le cinquième, elle aura tout juste le temps de traverser le couloir, de marcher jusqu'aux cabinets, et de se faire vomir l'intégralité de ce qu'elle a ingurgité en quelques minutes, se maudissant en pensée mais sans jamais prononcer une parole, sans même faire un seul bruit. Elle se vide de l'intérieur pour ne pas prendre un gramme.

Cette scène, Irène la visualise.

C'est elle, il y a des années ; désormais c'est Louise.

Il faut arrêter cela. Cesser ces pensées malsaines, se mettre à la place de la collégienne constamment. Voir en l'adolescente la jeune femme qu'elle était.

Et vouloir bravement la sauver.

11.

Passer la porte du collège les matins brumeux, les cheveux pris dans un bandeau de laine, la main dans la poche de son manteau serrant les clés de sa classe, l'autre tenant le cartable qui pèse moins lourd qu'en début d'année. Irène se sent enthousiaste, comme gonflée d'adrénaline. Les 3eB ont cessé de lui faire peur.

Elle sait que la balle est dans son camp, que ces enfants-là peuvent la trahir et lui reprendre son enthousiasme aussi vite qu'ils l'ont laissée entrevoir la possibilité de les faire progresser ; mais son corps a repris de l'énergie, et les mains bien à plat sur le bureau, elle énonce d'une voix claire les consignes en début de cours, sans trembler, sans qu'aucun d'eux fasse l'imbécile. Elle les connaît, désormais. Oh bien sûr, ce n'est pas tous les jours enchanteur, bien sûr qu'il y a des cours plus libérateurs que d'autres. Mais Irène ne se sent plus au pied du mur.

Louise l'a métamorphosée. Elle qui n'était jamais parvenue à être dans l'instant, réussit à grappiller des moments qui lui semblent s'écouler ; en présence de la jeune fille, elle ne triche pas. Elle devient quelqu'un sur qui l'on compte, quelqu'un d'important, dans la vie d'une autre.

En 3eB, elle n'est plus la même ; elle observe des adolescents concernés par le cours, levant la main pour participer, prenant des notes sur ce qu'elle transmet, recopiant scrupuleusement les mots au feutre Velleda sur le tableau.

Et puis, un soir. Un message sur le logiciel du collège. Gaétan a écrit « Je suis désolé » dans l'objet du mail. Des semaines après son atelier de lecture raté, qu'il n'a pas recommencé, et dont ils n'ont plus parlé, il s'est excusé platement. Une écriture de petit garçon, au langage parlé, écorché de fautes qu'Irène n'a pas relevées.

Elle s'est demandé, le cœur en feu, reconnaissante, si ce n'était pas Karim qui avait ramené le désir d'apprendre et le besoin de s'excuser chez Gaétan, qui lui vient en aide pendant les cours, lui traduit à peu près tout, tandis que le silence des autres témoigne de leur assentiment, de leur collusion. Ils semblent lui dire : on approuve cette amitié toute neuve, particulière, unique, entre un collégien mal dans sa peau de quatorze ans, et un jeune homme libyen, dont la vie ne tenait plus qu'à un fil il y a quelques mois. « Elle est solide comme un roc, votre amitié », a soufflé Irène en sortant de la classe, Gaétan devant elle. Il l'a regardée une seconde, a risqué un sourire, et s'est engouffré dans le couloir, Karim sur ses talons.

Et c'est au contact de ses élèves qu'elle se réchauffe dans son intégrité. En sortant de la classe, certains la remercient pour le cours. La *remercient*. La première fois, Irène s'est demandé si elle avait bien entendu.

Elle a cessé de croire qu'ils étaient plus forts qu'elle.

Mais Louise se laisse couler.

– On est en mars. Ta moyenne est très basse. Tu as des capacités, Louise !

– Ouais. Je sais pas. Je suis qu'en troisième. Au lycée, je bosserai.

– Mais c'est maintenant que tout se joue !

Dans le café où elles sont venues se réfugier à cause d'une averse, Irène a presque crié. Elle tient à la fois le rôle de l'amie et de la prof, et c'est dangereux. Mais qui le fera ? Maxime, absent une bonne partie de la journée, qui laisse Sasha à Louise un soir sur deux ? Les autres enseignants, désintéressés de la question, qui ont baissé les bras avec elle ? Au sein de l'équipe pédagogique, beaucoup l'ignorent ; ils préfèrent s'occuper des autres « qui en ont grand besoin, plutôt que de perdre du temps avec cette peste ».

– Louise, je vais t'emmener chez une diététicienne.

Ce n'est pas une injonction, cela y ressemble. Irène a pris un rendez-vous pour la collégienne sans lui demander son avis. La jeune fille ne répond pas, évite le regard insistant.

– Je t'y conduirai, si tu le souhaites, il faut se rendre à l'évidence : il ne faut plus que tu maigrisses, cela devient très dangereux, Louise.

12.

Elle leur a donné à étudier *Antigone* de Jean Anouilh. Ils ont lu et étudié quelques scènes ensemble. Irène imagine qu'ils auraient préféré aller au théâtre.

Puisque ce sont des élèves à problèmes, le directeur exclut la classe de 3^{e}B des sorties scolaires. Elle sait bien que cela les pénalise, et les rend encore plus insolents, puisqu'à la conscience de ne pas y arriver et de se sentir *nuls*, s'ajoute la rancœur d'être éloignés de tout projet original, hors des murs. Irène a déjà essayé de lui dire et de les défendre. Mais M. Minet s'est montré intransigeant. Depuis que certains d'entre eux ont fumé dans les toilettes au Salon du livre, il a déclaré qu'ils étaient privés de sortie jusqu'au mois de juin. Irène a pensé qu'un directeur ne pouvait pas être aussi buté, hermétique aux demandes et aux reproches, et elle s'est pointée dans son bureau, un matin, sans prendre rendez-vous. Le ton de sa voix est monté d'un cran, les laissant tous les deux ébahis – lui, car il n'avait jamais soupçonné qu'Irène puisse détenir une quelconque répartie, elle, parce que le sentiment d'infériorité qui la dominait depuis septembre était en train de voler en éclats –, et elle lui a démontré que priver ses élèves de sortie revenait à les abandonner et à les conforter dans leurs sentiments d'impuissance. « Vous faites pire que mieux. Laissez-moi les emmener. Ils me font confiance, désormais », a-t-elle affirmé, ajoutant que s'il voulait les mener jusqu'au brevet, il allait falloir les encourager. Mais *Antigone*, *Antigone* c'était de la folie, deux heures de représentation ? Ils n'allaient jamais tenir !

Elle s'est engagée à ce qu'il n'y ait aucun débordement.

– Je vous emmène au théâtre. Voir *Antigone*, annonce fièrement Irène.

Ils la regardent tous. Ils n'ont pas sorti leurs affaires. Déjà, le calme se dissipe.

– Karim vient aussi ? Même s'il a pas de papiers ? demande Gaétan, inquiet.

À côté de lui, le jeune homme a levé les yeux.

– Bien sûr, Karim va venir avec nous, sourit Irène.

– C'est génial.

Tous se retournent vers Johanna. C'est l'une des seules qu'Irène ne parvient pas encore à cerner. La jeune fille reste imperméable aux paroles valorisantes des professeurs.

– C'est génial, vraiment ! répète-t-elle comme pour les convaincre qu'il n'y a aucune trace d'ironie dans son approbation.

Alors, c'est comme s'ils avaient le droit de se lâcher. Irène a la sensation de retrouver le caractère naïf et commode des élèves de sixième. « Trop bien ! », « on y va le soir ? », « tous les troisièmes y vont ? », « c'est combien ? »

– Je n'emmène que vous. Ce sera dans deux semaines, un vendredi soir à dix-neuf heures.

– Il faudra relire quelques passages de la pièce, madame Latellier. Pour qu'on comprenne tout, qu'on suive mieux.

Des semaines qu'elle n'avait pas ouvert la bouche en classe. Le cœur d'Irène s'élance, fait des cabrioles sous sa cage thoracique. « Madame Latellier ». Et cette remarque de première de la classe, qui ne lui ressemble pas. Elle se demande si Louise n'est pas en train de se moquer d'elle. Tous se retournent de nouveau. Irène choisit de ne pas relever et de jouer son jeu.

– Tu as raison, Louise. Je vais vous faire jouer quelques extraits. Mais il faudra apprendre le texte par cœur ! finit-elle d'une voix forte, couvrant les cris de satisfaction.

13.

C'est l'histoire d'une amitié qui surplombe la cour de récréation. D'une relation à l'orée de la mort et de la souffrance, née comme par erreur, au milieu d'une salle de classe, sous les regards indifférents des autres élèves.

Irène s'empare de son histoire avec Louise ; elle l'écrit pour la faire sienne, comme pour signifier « cette relation existe. »

Ce n'est pas une folie, pas une passade. Ce n'est pas de l'amour ni même une liaison. C'est autre chose. Cela ressemble à de la complicité. C'est compliqué, étouffé, prohibé.

Les mots ne demandent qu'à sortir et à gicler sur le papier du carnet Moleskine.

Lorsque j'envoie un message à Louise, l'euphorie me gagne comme si c'était le premier que je lui envoyais. L'angoisse me détrousse, me prend à la gorge. Louise vient tous les mercredis. Les jumelles l'adorent. Je mens à tout le monde.

Antoine ignore toujours les rendez-vous d'Irène avec Louise.

Il manque un morceau de notre histoire. Pourquoi Louise s'est-elle intéressée à moi, le premier jour ? J'ai consenti à jouer le rôle qu'on m'a demandé : me montrer attentive, bienveillante, à l'écoute ; me muer en une soupape, un remblai pour combler le manque de sa mère et nettoyer les plaies béantes, pour hisser Louise à son véritable niveau scolaire. Pourquoi moi, plutôt qu'une autre ? Pourquoi pas Emmanuelle ? Elle la suit depuis la sixième, elle a été sa principale, elle savait la tumeur fulgurante, les jours comptés, l'hôpital et les insomnies familiales, la mort, par petites touches, comme un dessin en pointillé, et puis le mutisme, les notes insuffisantes, et Louise, hermétique. La jeune fille aurait pu se confier à Emmanuelle. Elle était plus ancienne. J'étais la nouvelle. J'avais pensé au départ qu'elle me détestait.

Les pas d'Antoine se font entendre dans le couloir qui mène à la chambre.

On ne peut pas demander à quelqu'un, des mois après, la raison pour laquelle on a été choisie. Cela reviendrait à interroger l'autre sur la force de son affection, et je ne peux m'y résoudre. C'est peut-être moi, finalement, qui ai tout provoqué. En leur répétant, au mois de septembre, en passant dans les rangs, que je voulais les aider, que mon métier consistait à les faire progresser… Louise a entendu ces phrases répétées comme pour les incruster dans le mobilier. Je me souviens, maintenant : « Cessez votre chahut. Je ne suis pas votre ennemie. Au contraire. Je désire être utile. Ce qui m'intéresse c'est votre progression. »

Et l'amalgame.

– Parle-moi de Louise.

Antoine s'avance dans la pénombre. Elle a dissimulé le carnet doré sous la pile de copies. Jamais elle n'a dit qu'elle écrivait le soir. Même si Antoine s'en doute, elle a honte de cette habitude prise en début de sixième. À l'époque, elle évaluait l'amour qu'elle portait à un camarade de classe en pourcentage. Risible, aujourd'hui. Mais révélateur, déjà, de sa sensibilité et de la force de ses sentiments, même s'ils n'étaient pas réciproques.

Il allume la lumière de leur chambre à coucher et, quand Irène se retourne, elle voit qu'il a pleuré.

– Que veux-tu dire ?

– Tu le sais très bien. Tu me dois des explications, à propos de cette collégienne.

Le ton monte. Irène frissonne, l'énergie lui fait défaut, elle n'a pas le cran de l'affronter.

– Je suis fatiguée, Antoine.

– Tu me répètes cela à longueur de journée, Irène, mais tu ne vois pas qu'autour de toi, les autres aussi sont épuisés, ceux qui composent ton foyer, Maud, Alma, et moi. Tu es écrasée de fatigue mais tu ne délègues rien, tu veux tout faire, tout le temps, sans rien dire à personne. Je me fiche que la maison soit rangée, que la table soit mise et que les jumelles soient propres quand je rentre le soir. Je veux t'aider mais tu refuses tout l'appui que je te propose.

– Ce n'est pas vrai.

– Tu me fuis, Irène, tu évites soigneusement nos conversations, tu esquives le peu de tendresse que je parviens encore à t'offrir, puisque tu restes de marbre. Tu ne me désires plus, tu ne désires plus rien que d'échanger avec Louise par message. De parler avec elle.

– Tu as fouillé dans mon téléphone. Tu as lu mon journal.

– Jamais je ne ferais une chose pareille. Je n'en ai pas besoin, Irène, je le devine, c'est tout. Je te connais depuis vingt ans, je sais ta détresse et tes doutes.

– Maud et Alma t'ont tout dit.

– Oui.

– Elles n'auraient jamais dû.

– Irène, tu as mis deux enfants de sept ans dans une confidence qui les dépasse. Tu les considères comme tes collégiennes que tu côtoies tous les jours, tu écris des messages en pensant que l'on ne t'observe pas, tu gardes ton téléphone comme si tu entretenais une correspondance amoureuse, tu invites une jeune fille tous les mercredis, et tu voudrais que je fasse comme si je n'avais rien remarqué ? Que je te laisse t'enfoncer dans une histoire qui finira mal ?

– Tu ne sais rien de notre relation, dit-elle, les dents serrées.

C'est si désagréable, cette impression d'être traquée comme un animal.

– Je ne t'en veux pas, je sais combien tu souffres encore de la mort de Solène…

– Cela n'a rien à voir !

Un cri. Comme un couteau qu'elle aurait planté dans le dos d'Antoine.

– Alors pourquoi ? Pourquoi ces échanges avec une collégienne de vingt-cinq ans plus jeune ? Pourquoi délaisser ta famille, tes amies que tu ne vois plus, pour une jeune névrosée ?

Cela déborde d'Antoine aussi, à présent. Les jumelles sont en pyjama dans le couloir, interloquées.

– Elle n'est pas folle, elle est anorexique, elle ne va pas bien, elle s'occupe de son petit frère, au collège elle est seule, elle n'a plus d'amis, sa moyenne est insuffisante… Elle me fait pitié parce qu'elle a perdu sa mère.

– Ainsi, c'est cela. Tu ne vois même pas que tu la remplaces, ironise-t-il, le visage fermé.

– Je veux la sauver, Antoine. Je veux sauver Louise.

– Mais pourquoi toi ? Toi qui es si fragile, qui a tant besoin d'espace, de temps, de sollicitude ? Pourquoi est-ce toi qui t'occupes d'elle, à la fin ?

– Je ne sais pas, avoue-t-elle, les yeux secs. Mais c'est comme ça, il faut l'accepter. Je ne peux pas l'abandonner. Elle a besoin de moi, désormais.

– Nous aussi, on a besoin de toi.

Sans un regard pour Irène, Antoine raccompagne les jumelles jusqu'à leurs lits. Elle l'entend allumer la télévision.

Je ne peux pas abandonner Louise. Est-ce que cela signifie mettre ma vie de famille entre parenthèses ? J'avais trouvé un équilibre : les jumelles, Louise. Est-ce que tout est en train de voler en éclats ?

Sans bruit, pour ne pas réveiller de nouveau Maud et Alma, Irène se lève, se faufile dans le salon, éteint la télévision, se plante devant Antoine.

– Tu veux la voir ?

– Comment ça ?

– Est-ce que tu veux bien rencontrer Louise ?

14.

– Ils sont tous là. Détends-toi, chuchote Emmanuelle alors que les trois coups font vibrer leurs fauteuils.

Irène en a eu le souffle coupé : lorsqu'elle est descendue de voiture, une demi-heure en avance sur l'horaire convenu, la classe entière l'attendait sur le parvis du théâtre. Ils formaient un joyeux attroupement, un peu irréel, comme sorti du néant. Irène s'est approchée. Saisie par une timidité brutale – cela est rare d'arriver après les élèves, d'habitude, ils entrent alors qu'elle est seule dans sa classe –, elle a vérifié la tenue de son chignon, refermé son manteau ; gestes automatiques pour étouffer l'embarras de soutenir leurs regards amusés. Elia était en robe longue, Thomas arborait une cravate bleu roi ; ces deux-là forçaient l'admiration des autres. Karim se tenait en retrait, Gaétan à ses côtés ; en s'approchant un peu, Irène aurait pu entendre leur conversation et constater, stupéfaite, que le collégien rappelait au jeune homme les prénoms des personnages et leurs rôles dans la pièce.

Irène a senti son cœur se gonfler d'euphorie quand Johanna a lancé l'idée : il fallait faire une photo, c'était tellement incroyable de se retrouver là, tous ensemble ! Et d'ajouter : « Madame, venez avec nous. » Irène s'est prise au jeu et, entre Maïssa et Simon, elle a souri franchement, songeant qu'elle avait réussi à se faire apprécier des 3ᵉB. Elle s'est revue, en septembre, avec cette angoisse qui la perforait à chaque heure de cours, entrant dans sa classe telle une ombre, et elle s'est dit que des gamins pouvaient faire mûrir les adultes.

Ce n'est qu'en déposant l'avant-dernier billet dans la main d'Elia qu'elle s'est rendu compte qu'il manquait quelqu'un. Elle s'est retournée.

– Louise, il manque Louise, a dit Emmanuelle, vaguement contrariée. Elle t'a dit qu'elle venait ?

– Oui. Elle a fait remplir son autorisation de sortie.

Au même moment, une voiture s'est arrêtée. Une jambe fuselée, étonnamment longue en est sortie, puis un corps d'adolescente, un visage androgyne, éteint, rageur : Louise. Elle a claqué la portière, et sans un regard, ni pour le conducteur de la voiture ni pour Sasha, à l'arrière, qui observait la scène les yeux ronds, elle a gravi les marches du bâtiment, pressée d'en finir.

– Il était moins une, Louise, a soupiré Emmanuelle, et Irène lui a tendu son billet.

La jeune fille, muette, s'est engouffrée dans la porte à double battant, et a rejoint les autres qui commençaient à s'agglutiner dans le hall, en parlant très fort.

– Je vais les placer, a annoncé Emmanuelle, voyant que Maxime descendait de voiture à son tour, ne regardant qu'Irène. On dirait qu'il a quelque chose à te dire, a-t-elle ajouté, sur le ton de la plaisanterie.

Mais Irène n'a pas eu envie de rire. Elle ne désirait qu'une chose : être assise, voir jouer les comédiens, oublier le retard de Louise.

– Excusez-nous, il a fallu que *Madame* s'habille, a-t-il prononcé.

Le voir, de près, a provoqué en Irène un trouble qu'elle a eu du mal à cacher ; les yeux de Maxime se sont posés sur sa robe noire, l'agrippant comme un vertige. *Se sentir bête, comme à quatorze ans*. Il a pris Irène à part.

– J'en ai pour cinq minutes. Mais je m'inquiète… Elle n'a plus d'amies, elle ne me parle plus. Elle n'a que vous, a-t-il ajouté précipitamment, avant qu'Irène ne puisse lui couper la parole. Vous n'êtes pas fâchées, au moins ?

– Non, non…

Emmanuelle s'est éloignée, consciente de leur besoin d'intimité. Irène s'est sentie emportée dans une conversation qu'elle n'avait pas choisie, qu'elle ne voulait pas poursuivre. Mais Maxime ne paraissait pas s'en rendre compte.

– Rassurez-vous. Louise est quand même entourée, au collège.

– Vous l'emmenez toujours chez la diététicienne le mercredi ?

Maxime la mettait mal à l'aise. C'est comme s'il forçait la porte de leur amitié, lui qui avait tout orchestré. C'était gênant. Irène avait la sensation d'être une enfant. Elle ne l'était pas. Elle ne voulait pas se dérober pour le lui faire comprendre.

– Monsieur, vous m'avez fait confiance. Continuez de le faire, je vous en prie.

– Vous avez raison.

En repartant, il lui frôla le bras et Irène ne bougea pas. Une décharge électrique se libéra dans son corps ; de la tête aux pieds, elle ressentit le frisson des premières fois, l'enivrement de la séduction. Il avait de l'influence sur elle, c'était indéniable.

Elle commençait à entrevoir sa personnalité. Un homme anxieux, qui se relevait peu à peu du chagrin dans lequel la mort de sa femme l'avait plongé ; il émanait de lui un charme auquel Irène n'était pas insensible, bien qu'elle se soit gardée de le reconnaître. *Peut-être que je lui plais, au fond,* pensa-t-elle soudain. *Oui, peut-être que Louise n'était qu'un prétexte.* En regagnant la salle, cherchant des yeux Emmanuelle, elle pensa à ses derniers mots : « Il faut qu'elle remonte la pente, qu'elle ait son brevet cette année… Je compte sur vous, Irène. » C'était la première fois qu'il prononçait son prénom. Puis il lui avait demandé de redéposer sa fille, Sasha ne pouvait pas rester seul le soir. Elle avait accepté.

Maintenant, elle est assise entre Emmanuelle et Louise. L'adolescente s'est frayé un chemin jusqu'à elle et, sans un mot, s'est affalée sur le dernier fauteuil qui bordait la rangée. *Plus d'amies, toute seule, remonter la pente* : les mots de Maxime lui restent en tête. Elle se sent brutalement incompétente : tout ce qu'elle fait pour Louise, depuis octobre, recueillir les confidences, l'emmener au cinéma, chez la nutritionniste, cela sert-il à quelque chose ? Les notes de Louise stagnent, ses amies la tiennent éloignée. Seul son comportement a changé : en cours, son impassibilité vaut mieux que son insolence, c'est ce que clament haut et fort ses professeurs. Mais Irène pressent que derrière sa nonchalance se cache encore la douleur de la perte.

– On ne s'écrit plus beaucoup. Pourquoi ?

Louise chuchote, penchée vers l'oreille d'Irène. Personne ne peut l'entendre. La salle plongée dans la pénombre ne laisse apprécier que les tirades des comédiens.

– Je ne sais pas. Je crois que c'est à toi de me le dire… Je n'ai rien changé à nos habitudes, confesse Irène.

Un coup de coude d'Emmanuelle la rappelle à l'ordre. On ne discute pas pendant la représentation. Irène enfreint ses propres consignes.

– J'ai un mec.

Cela a signifié la fin de la conversation.

Louise a prononcé cette dernière phrase, puis s'est redressée.

Irène n'y a jamais songé. Que son élève fétiche, sa meilleure amie, puisse entretenir une relation exclusive avec quelqu'un d'autre ne lui a jamais traversé l'esprit. Pourtant, c'est bien de son âge, elle le sait pertinemment. Parfois même, en salle des professeurs, ils s'amusent à deviner quels élèves sont en couple. Et combien de fois s'est-elle sentie jalouse d'Oriane ou de Johanna, lorsqu'elle les observait de la fenêtre de sa classe, dans la cour, les trois filles enlacées, riant à n'en plus pouvoir ?

J'ai un mec. Ces trois mots décochés comme une flèche atteignent Irène ; l'achèvent.

Elle n'écoutera plus rien d'*Antigone*.

Dans la voiture, le silence les enveloppe comme une couverture. Les yeux fixés sur la route – conduire de nuit l'a toujours oppressée – Irène attend que l'autre prenne la parole. Elle lui en veut, elle lui a gâché la pièce, elle n'a fait que réfléchir pendant deux heures. À l'entracte, les mots de Louise coincés dans la gorge, elle a peiné à tenir une conversation avec Emmanuelle, qui ne cessait de la remercier de l'avoir emmenée : il fallait un accompagnateur de plus et il lui avait semblé évident de le lui proposer. Irène s'est promenée dans la salle, un verre de cidre à la main : « c'est génial », « je comprends tout », « ça passe super vite ». Les mots de ses élèves lui ont à peine réchauffé le cœur. À la sortie, ils se sont éparpillés comme des mouches mais Irène ne leur en a pas voulu : ils en discuteraient en classe le lundi suivant.

– C'était bien, la pièce, a fini par lâcher Louise, peut-être seulement pour combler le silence dans l'habitacle.

– Oui, je ne regrette pas de vous avoir emmenés.

Louise se tait, fixe elle aussi la route, comme absorbée.

– Et donc, tu as un petit ami ?

Irène a besoin d'en savoir plus. Sa curiosité est mal placée, mais c'est comme si l'adolescente lui devait le récit de sa relation avec ce garçon dont elle ignore encore tout.

– Ouais. Il est pas au collège, a bredouillé Louise.

Puis les mots de la jeune fille se sont voulus plus fermes. Elle a ajouté, sans ciller, qu'il avait dix ans de plus qu'elle.

– Je sais que tu diras rien à Papa.

– Dix ans, a soufflé Irène. Louise… Il travaille, au moins ?

– Y a vraiment que ça qui t'intéresse, hein ? Je pensais que t'étais différente. T'aurais pu me demander si je l'aimais, comment je l'avais rencontré, s'il était sympa…

Elle a marqué une pause, a retenu un rire discret, qui se voulait ironique.

– Mais non, la seule chose qui t'importe, Irène, c'est sa situation. Au fond, t'es comme tout le monde.

– Mais non, Louise, enfin. Je m'inquiète un peu, c'est tout… C'est normal. Je me suis attachée à toi, a-t-elle poursuivi, un peu plus bas.

Louise a baissé la tête, tripoté son téléphone dont les vibrations incessantes indiquaient qu'elle recevait plusieurs messages à la suite.

– Alors, arrête de t'inquiéter. Tout est OK. Et franchement, n'en parle pas à mon père, je t'en voudrais énormément.

Louise a fermé les yeux, a calé sa tête, pris son téléphone.

– Non, en fait, tu fais ce que tu veux. Ça n'a pas d'importance.

Irène n'a rien répondu.

Elle a pensé très vite qu'elle allait tout raconter à Maxime et tant pis si cela nuisait à leur amitié, celle-là même qu'elle sentait se désagréger au fur et à mesure que le temps passait, que l'année scolaire touchait à sa fin. Une petite voix, extraite de l'esprit d'Irène, a brutalement arrêté sa décision : *Tu n'es pas sa mère*, a-t-elle martelé pour la centième fois depuis que Louise était entrée dans sa vie.

Qu'aurait-elle fait, si elle avait enfanté Louise ? Elle l'aurait fait soigner dans un centre – Louise était trop mince, cela crevait les yeux, elle était encore malade à se déchirer les intestins –, elle l'aurait tenue éloignée de ce garçon trop âgé pour elle, elle aurait sévi, l'aurait privée de téléphone, de sorties, de maquillage, de loisirs. *Comme ma propre mère.* Irène pensait qu'elle prenait de la distance avec Isabelle, mais au fond, elle était persuadée qu'elle aurait agi de la même façon.

C'est peut-être pire, de ne pas être sa mère, finalement. Elle ne dispose d'aucune marge de manœuvre et elle observe son impuissance la clouer au mur.

Tard dans la nuit, une adolescente et une femme sont sorties d'une voiture : la plus jeune a fait quelques pas, un sac sur l'épaule, dans la main, un téléphone portable dont le halo brillait dans l'obscurité. Puis, se ravisant peut-être, elle s'est retournée, et elle a enlacé celle qui la suivait.

Elles sont restées ainsi un long moment, sans rien se dire ; l'adolescente avait fermé les yeux, la femme caressait son dos, ses cheveux.

Quand la plus jeune a ouvert la porte d'entrée, l'autre est repartie.

Dans la voiture, elle a essuyé d'un revers de main les larmes qui coulaient de ses yeux.

Irène a pris conscience qu'elle n'était plus l'unique personne à qui Louise se confiait : la jeune fille avait désormais quelqu'un d'autre en tête, à qui écrire le soir, tard dans son lit.

Irène a pensé avec tristesse, qu'elle, elle n'avait plus personne.

15.

– Madame, « surréalisme » ça veut dire au-dessus du réalisme ?

Irène sursaute. Elle n'a pas dormi de la nuit. Alma, fiévreuse, a fini par s'allonger entre eux. Lorsque les jumelles sont malades, l'inquiétude la fait veiller.

– Exactement, Johanna.

– Donc au-dessus de la réalité ?

– Oui, en quelque sorte. Les surréalistes refusent…

– Voilà, c'est bien ce que je disais. Ils m'écoutent jamais !

Salle 309. Mardi matin. Deux heures de français à la suite. Les groupes se sont formés autour des tables en îlots. Johanna s'époumone, ne respecte ni les règles de bonne conduite ni son rôle de chef d'orchestre. La jeune fille est censée distribuer la parole et maintenir les débordements. Constatant son enthousiasme, Irène s'éloigne, l'ignore ; elle préfère encore les cris d'euphorie au silence gênant de ceux qui ne comprennent pas un mot du cours. Elle leur a donné plusieurs poèmes à analyser ensemble : mettre en relation Éluard, Breton, Aragon, Desnos, c'est de l'intertextualité travaillée en classe de seconde, mais elle veut tenter quelque chose. Ils doivent dégager une définition du surréalisme à travers l'analyse des quatre poèmes. Jamais Irène n'aurait pensé que cette étude donnerait lieu à des débats. Une tension enfle au cœur des groupes. Ils ne sont pas d'accord et ne s'embarrassent pas pour le faire savoir. Karim, un peu en retrait, toujours à côté de Gaétan, semble aussi se réjouir de leur intérêt croissant pour la littérature et la poésie.

Quelques jours plus tôt, Irène l'a pris à part, et l'a remercié. Le jeune homme ne comprenait pas. C'est Irène qui l'avait intégré dans la classe, c'est grâce à elle qu'il maîtrisait désormais de nombreux mots et qu'il savait mener une conversation sur le fil, sans balbutier. Elle le lui a expliqué : depuis sa venue en janvier, les élèves se comportaient différemment ; plus studieux, moins perturbateurs, plus concentrés, moins hostiles. On ne pouvait pas faire « comme si », comme si c'était une coïncidence, comme si Karim n'y était pour rien. Il a hoché la tête en la fixant, l'air interrogateur. Elle a imaginé que personne, depuis qu'il était arrivé en France, ne l'avait remercié de quoi que ce soit. C'était lui, sans cesse, qui devait se soumettre. Incliner la tête, les yeux fixant ses lacets de chaussures : paradoxalement, alors qu'on apprend aux enfants à regarder dans les yeux celui qui leur parle, l'éducation de Karim l'a entraîné à dévier le regard, quitte à courber légèrement le dos pour éviter tout croisement de pupilles. C'est le regard des adolescents qui l'a transformé ; Irène l'a observé se redresser, redevenir quelqu'un, pas seulement un migrant, un pauvre, un illettré, mais Karim tout entier, Karim au-delà de sa réalité.

« Au-delà de la réalité » : le surréalisme, c'est ce qui lui est arrivé quand Solène est morte. Irène a eu l'écœurante impression de flotter à côté de son corps ; pendant presque un an, on lui a dit à plusieurs reprises qu'elle était *à côté de ses pompes*, oui, elle s'en souvient maintenant. Elle a connu une dissociation et l'on ne faisait que lui reprocher son manque de lucidité. Seule Iris a compris sa détresse, et c'est en cela qu'elles se sont rapprochées : sa sœur lui a permis de faire son deuil en ne niant jamais ce qu'elle éprouvait. Elle s'est mise à la hauteur d'Irène, lui serrant la main à l'hôpital en lui rappelant leur enfance commune, lui apportant des livres, parce qu'Irène voulait se perdre dans la vie des autres, pourvu qu'elle soit romancée, tandis qu'Antoine s'abrutissait de calmants et travaillait sans s'arrêter.

« Au-delà de la réalité » : surréaliste, la sortie au théâtre qui a été appréciée à l'unanimité. Irène a reçu des messages de parents reconnaissants : en classe, les 3ᵉB l'écoutent avec une ardeur nouvelle, et elle sent qu'elle maîtrise son cours.

« Au-delà de la réalité » : impensable et intense, cette connexion qui la relie à Louise. Pourtant, Irène sait que leur relation se détériore. Comme dans une pièce de théâtre, elle pressent le revirement de situation. La jeune fille ne répond plus à ses messages aussi rapidement ; Louise se montre plus distante, plus évasive.

16.

– On n'entend plus rien… Tu crois que c'est normal ?

Irène a invité Louise. Elle ignore encore si cela est juste mais elle tenait à ce que la collégienne rencontre Antoine. Lui a accepté tout de suite : il désirait voir celle qui faisait tourner les têtes féminines de la maison, a-t-il admis. Assis à la table de la cuisine, il lui a posé des questions, s'est intéressé à ses futures études. Restée debout, à peine intimidée, Louise a répondu qu'elle voulait devenir chirurgienne et Irène s'est étonnée de la facilité avec laquelle ils échangeaient. Elle a pris conscience qu'elle n'avait jamais abordé le sujet de l'avenir professionnel de la jeune fille. Antoine s'est montré affable, accessible. Il a expliqué en détail son parcours, il n'a pas eu l'air de se forcer, cela était spontané ; il considérait la jeune fille comme une adulte.

Depuis quelques semaines, un lien s'est tissé entre Louise et les deux fillettes, lui a expliqué Irène. Ils les ont laissées seules : au commencement des jeux régnait une timidité naturelle, et de cette retenue a jailli quelques formules polies, ils ont trouvé cela touchant. Puis Maud et Alma ont demandé à Irène si Louise pouvait venir dans leur chambre.

Ils ont bu un café, c'était si rare d'être ensemble un mercredi après-midi, de voir les jumelles se réjouir.

Il n'a fallu que quelques heures pour que les trois filles s'entendent « à merveille », selon les mots de Louise, dans la voiture qui la ramenait, après le premier rendez-vous chez la médecin nutritionniste. « Je les adore, a-t-elle poursuivi d'une voix fluette, elles sont les sœurs que je n'ai pas… et que je n'aurai jamais. Sauf si Papa se remarie ! », s'était-elle esclaffée, laissant Irène de marbre, parce qu'elle y avait pensé aussi, bien sûr, Louise, la grande sœur et les deux petites. À elles trois, elles reforment le trio rêvé. Louise-Solène, le même âge, la même blondeur : à elles trois, elles reforment le trio jamais commencé.

Derrière la porte, ils ont perçu des rires étouffés.

C'est cela qui a alerté Irène : Maud et Alma ne se cachent pas pour laisser éclater leur joie ; en revanche, pour se pelotonner dans leur tristesse, elles se barricadent.

Irène a frappé. Elle s'est sentie gênée de le faire, telle une intruse ; *comme si les jumelles étaient des ados,* a-t-elle pensé.

Elle a ouvert la porte. Et ce qu'elle a vu lui a fait l'effet d'une gifle : Maud et Alma, maquillées à outrance, les yeux fardés de bleu, les joues cramoisies sous la poudre brillante, les lèvres carminées. Irène s'est revue, adolescente, dans la voiture de Martin, muette d'avoir trop pleuré, interdite de sortie jusqu'à nouvel ordre parce qu'elle s'était maquillé les yeux ; un soupçon de mascara et son père avait déconné. Elle avait passé trois jours enfermée dans sa chambre, malgré les supplications d'Isabelle, arguant qu'il en faisait trop. Il avait tenu bon.

Irène s'était pliée à l'injonction paternelle et ne s'était remaquillée qu'aux soirées étudiantes. Mais elle avait quatorze ans. Pas sept ans, pas en CE1, pas comme cela. Louise, maquillée elle aussi, mais plus discrètement, l'observe, dans l'attente de sa réaction. Tout s'écroule. Irène aussi froide que la glace demande à Louise de *déguerpir* sous le regard d'Antoine, resté dans le couloir. Il n'ose pas intervenir. Ce n'est pas son rôle.

Rien d'autre ne passe les lèvres d'Irène, elle ne donnera aucune explication. Elle agit comme un robot, et n'a même pas remarqué l'enceinte, de laquelle jaillissent des paroles d'une musique qui passe à la radio. Louise ramasse sa palette de couleurs, ses pinceaux, elle fourre tout dans son sac, et sans un regard pour les filles, frappées d'hébétude – pas une ne comprend ce qui arrive, on s'amusait bien pourtant –, elle claque la porte d'entrée. Irène respire.

Deux petits clowns tristes l'observent à la dérobée.

Elle passera une demi-heure à laver leurs visages sous l'eau chaude, à passer le coton de démaquillant sur leurs cils dégoulinants.

17.

Louise a maquillé les filles. Elle les a fait danser sur du rap et Irène perd les pédales. Ses filles ne sont pas un jouet, elle est allée trop loin, elle les a dévergondées, elle a eu une peur bleue de les avoir vues comme cela, comme des femmes fatales et plus comme des fillettes.

Elle se prend dans la figure ce qu'elle n'a pas voulu constater depuis des mois, ce qu'Antoine lui a fait âprement remarquer : Louise est malade, déséquilibrée, et si elles poursuivent ce qu'elles ont commencé, il ne restera rien de l'éducation de Maud et d'Alma, rien qui pourrait sauver son couple ; si cela continue, Irène s'abîmera dans cette affection dévorante qu'elle ressent pour l'adolescente.

Engluée dans leur relation, elle s'est construite dans cette forme d'aveuglement ; elle a cru que tout cela était réel, leurs promenades, leurs films, leur amitié, leur connivence, leur énigme. Elle a cru qu'elles pouvaient être amies, cru qu'elles avaient le droit de tout partager. Depuis le commencement de leur histoire, elle envie la liberté qui hante la jeune fille, cette révolution intérieure qui la pousse à faire ce qu'elle désire, quand elle le veut. Elle envie sa personnalité, puisque dotée de cette dernière, Irène pourrait tout envoyer valser en une seconde, provoquer la rupture.

Louise arrache mes filles à leur enfance. C'est la sonnette d'alarme, comme en classe lorsque cela déraille, que l'on va faire tomber la punition, que l'on va se mettre à crier parce qu'il le faut bien. Je suis une adulte. C'est à moi de faire cesser la mascarade.

Au collège, Irène baisse les yeux. Elle adopte un air absorbé qui ne la quitte plus. Elle aide *les autres* sous le regard terrible de Louise qui la fixe, elle ne sort plus ses affaires sur sa table, à quoi bon, celle qui lui fait cours de français l'abandonne.

Au-dedans d'Irène, cela s'effrite comme du papier mâché.

La confiance vient de s'évaporer. Le mirage se dissipe.

« Irène, me laisse pas tomber. Qu'est-ce qui se passe, qu'est-ce que j'ai fait ? »

À l'aube, la jeune femme allume son téléphone, et tandis que la maison dort encore, elle efface une à une les tentatives de la collégienne. Puis elle se lève, fait du café, se frotte vigoureusement sous la douche, et entreprend de finaliser sa journée de cours avant que les jumelles ne s'éveillent.

« Irène, j'ai pas de mec, j'en ai jamais eu. Irène, parle-moi, putain, je regrette. »

Son cerveau est à l'arrêt. Ses pensées s'envolent ailleurs : dans la préparation d'un cours de grammaire, l'élaboration d'une séquence sur la consommation, dans la recherche d'un podcast sur Annie Ernaux, puisqu'elle leur fait lire *Regarde les lumières mon amour* et qu'elle tente de leur montrer les dérives de la société. Elle entreprend d'aider Karim à préparer son dossier administratif, pour obtenir le statut de réfugié. Lui ne prend pas trop de place. Lui s'excuse de lui envoyer un message. Lui demande sans cesse si elle est *disponible*. Deux fois qu'il fait le voyage jusqu'à Paris, qu'il affronte l'administration française. Deux fois que son dossier est refusé. Il manque toujours un document. Alors Irène lui apprend à ne pas flancher, elle y croit pour deux, et le sourire revient pour celui qui a su instaurer une atmosphère bénéfique dans la classe de 3ᵉB.

Et rien que pour cela, elle lui en sera éternellement reconnaissante.

« Irène, je te préviens, je vais faire une connerie. »

Elle ne la croit plus.

18.

– Madame ? Je peux entrer ?

– Bien sûr, Oriane.

Irène a laissé sortir les 3eB. Elle efface le tableau. L'heure de pause qui suit lui apporte le calme dont elle a besoin. Elle pourra rentrer les notes dans l'ordinateur, déjeuner à la cantine. Mais Oriane s'approche, son sac sur le dos et à la main, son téléphone portable.

– C'est compliqué, lâche la jeune fille, en évitant le regard d'Irène.

– J'ai tout mon temps. Je n'ai pas cours après. Tu peux me parler, tu sais.

– Déjà… Si je vous le dis… Vous dites pas que c'est moi.

– D'accord.

Son cœur accélère, ses mains deviennent lourdes, moites. Elle ignore ce qu'Oriane est venue lui confier, mais elle soupçonne déjà un incident. Quelque chose de grave. Elle se demande si elle ne devrait pas demander à Emmanuelle de venir. On se comporte de cette manière, lorsqu'on a un doute sur l'entretien que l'on va mener avec un élève ou un parent. Pour se protéger, mais aussi pour qu'il y ait un témoin sur ce qui va être dit et entendu. C'est trop tard, Oriane est lancée.

– Non parce que je risque d'avoir de sérieux problèmes si quelqu'un sait que c'est moi. Mais, enfin, moi je viens vous le dire, je fais ça pour vous. Parce que je trouve que c'est vraiment pas sympa. Et puis Louise, c'est plus ma copine depuis longtemps. Elle m'a fait comprendre que j'étais pas assez bien pour elle. Donc rien que pour ça, je suis capable de venir vous voir et de vous le dire.

– Mais me dire quoi, Oriane ?

Irène s'est assise, elle a croisé les jambes sous le bureau.

– Voilà… Ça a commencé lundi. Au début, on trouvait ça marrant. Et puis… Je sais pas. Au bout du compte, on rigolait plus trop. Y avait que Louise, en fait, pour continuer d'en rire. Elle a été le centre de l'attention cette semaine. Ça avait l'air de lui faire vachement plaisir, d'avoir des copains de nouveau, un attroupement autour d'elle à chaque pause. Moi je suis restée en retrait. Mercredi, j'ai pris ma décision. Je devais vous le dire.

La jeune fille prend une grande inspiration. En même temps qu'elle parle, elle cherche dans son téléphone ce qui pourrait l'appuyer, lui servir de preuve.

– Louise nous a montré vos messages. Ceux que vous vous échangez, depuis des mois. Enfin, vous voyez… C'est hyper perso. Moi j'ai pas à juger.

Irène reste de marbre. Elle sent peu à peu son corps faiblir sous le coup des paroles d'Oriane. L'écran du téléphone portable brille entre elles deux.

– Et puis, vous savez… Louise s'est pas contentée de ça. Je pense qu'elle doit être en colère contre vous. Elle a posté plusieurs de vos messages sur le groupe de la classe.

– Mon Dieu.

Cela lui échappe. Irène sent qu'elle ne se contient plus. Il faut qu'Oriane parte, qu'elle ne voie pas les larmes se déverser, qu'elle n'entende pas les cris qu'elle fera sortir à coup sûr.

– Merci Oriane. Tu peux sortir maintenant. Je vais régler cette affaire.

– Vous ne dites rien, hein, madame, promis ? questionne la collégienne, en voyant le regard bouleversé de sa professeure.

– Promis.

C'est tout ce qu'Irène parvient à souffler alors que la porte se referme dans un bruit mat, et qu'elle s'effondre sur le bureau. Ses épaules tressautant au rythme de ses pleurs incontrôlables.

– Irène ?

Emmanuelle entre en trombe dans la salle, se dirige vers le fond pour enlacer son amie. Le front d'Irène repose sur le bois clair du bureau. D'elle-même, il n'y a plus rien à évacuer. Seulement l'incompréhension ; la rage viendra ensuite, quand elle prendra conscience qu'elle s'est fait happer par une collégienne.

– Raconte-moi. Et cette fois, sans mensonge ni faux semblant. Tu me dois la vérité, Irène, martèle Emmanuelle, en desserrant son étreinte.

Elle a relevé les yeux vers celle qu'elle considère comme sa seule amie au collège ; à part Louise, mais Louise ne compte plus. Irène tire un trait sur l'adolescente. C'est définitif et c'est brutal. Cela la broie et l'entraîne vers le fond, mais cela est nécessaire. Elle a rassemblé le peu de courage dont elle disposait encore, a ravalé la honte, cette maudite honte qui la consume depuis le premier message envoyé à la jeune fille. Elle a repoussé sa chaise et elle a commencé à marcher dans la classe, sans un regard pour Emmanuelle, qui s'est assise à sa place, au bureau. On aurait pu croire qu'Irène préparait un exposé ou s'entraînait pour un concours. Mais le fait de marcher la libère et lui permet de trouver les mots justes, pour tenter de dire l'inexplicable, ce qu'elle-même ne théorise pas : la relation qu'elle entretient avec une jeune fille.

Quand elle a eu fini de bégayer, les phrases se sont faites coulées de lave : le récit s'est matérialisé au fur et à mesure que sa voix claire emplissait l'espace. Ce n'était pas un cours, pas un interrogatoire : c'était la possibilité d'éventrer son esprit pour qu'en sortent enfin les pensées noires, malsaines, inutiles, qu'Irène traînait depuis des mois. Elle a revu, en même temps qu'Emmanuelle, leurs premiers échanges accompagnés d'une fébrilité croissante ; les mensonges à Antoine, à sa mère ; les confidences adressées à la collégienne sur sa vie de famille, sur son intimité, parfois, sans gêne et sans pudeur ; et puis le cinéma, les cafés au lait consommés sur des banquettes en skaï, les rendez-vous chez la nutritionniste, les mercredis chez Irène.

– C'est ta meilleure amie, en somme, a vainement essayé de résumer Emmanuelle.

Mais Irène n'a pas faibli. Elle s'est replongée dans ses souvenirs pour les extraire et les transformer en un discours cohérent, chronologique. C'était comme une évasion : Irène sortait de prison, elle se libérait du carcan dans lequel elles s'étaient enfermées toutes les deux. Elle a dit tout bas :

– Je lui ai confié quatre-vingt-dix pour cent de ma vie. Le reste m'appartenait encore. Je me suis prise de passion pour une collégienne, a-t-elle ajouté, oubliant son amie et la salle de classe.

Emmanuelle s'est tue. Le silence s'est prolongé. Les deux femmes n'ont pas bougé. Irène, les yeux dans le vague, légèrement essoufflée, avait l'air abattue ; Emmanuelle a repris la parole.

– Tu leur en veux ?

– À qui ?

– À M. Minet. Au père de Louise. Ils t'ont poussée à communiquer avec Louise.

– Je n'en veux à personne d'autre qu'à moi-même.

– Et tu n'as jamais pensé, jamais cru, qu'elle te manipulait ? Tu n'as jamais sous-estimé Louise ?

– Jamais.

– Elle décrit son père comme absent, on est bien d'accord ?

– Oui. Il n'est pas là le soir, Louise prépare à manger à Sasha, elle dort avec le petit garçon.

– C'est déjà là que ça coince.

– Comment ça ?

– Irène, je connais Maxime. Il est chez lui tous les soirs. Il écrit la nuit. Il ne sort plus depuis la mort de sa femme, et à ma connaissance, il est célibataire et il compte le rester. Mon mari est son éditeur, achève d'expliquer Emmanuelle.

– Tu ne me l'as jamais dit.

– Tu ne me poses aucune question sur ma famille. Et aucune question sur… moi, finit-elle.

Irène regarde enfin Emmanuelle ; elle l'observe comme on détaille, comme on scrute ; et, sans résistance, son amie la laisse faire. Ses yeux arrondis en forme d'amandes, ses cheveux courts, très noirs, très épais, la rondeur de sa taille et de ses bras qui témoignent de ses gestes doux et gracieux, enveloppants, qu'Irène désire tant reproduire, elle qui se sent cassante et brutale ; tout en son amie respire la bienveillance, et pourtant, elle vient d'écouter le témoignage d'une professeure qui, jusqu'il y a encore quelques jours, entretenait une relation défendue avec une élève de sa propre classe.

C'est à Emmanuelle qu'elle aurait dû se confier. Avec elle qu'elle aurait dû voir des films, boire des coups, finir un peu ivre, chanceler sur le trottoir en se moquant de leur existence. Avec Emmanuelle à son bras, Irène ne se serait jamais cachée ; elle n'aurait élaboré aucun stratagème pour laisser Maud et Alma à sa mère, elle n'aurait pas menti, ni à Antoine ni à elle-même. Une véritable amie. Digne d'être aimée, reconnaissante de l'être, qu'Irène aurait pu apprécier à sa juste valeur et pour qui elle ne se serait pas inquiétée, avant que la culpabilité et le remords ne la rongent de l'intérieur.

Elle s'est trompée, Irène. L'amitié ce n'est pas vouloir être admirée, désirée ; ce n'est pas se sentir supérieure à l'autre, ce n'est pas prodiguer des conseils et penser qu'on en sait toujours plus ; ce n'est pas s'abaisser à des confessions intimes et déplacées pour que l'autre vous respecte et vous trouve absolument géniale. Ce n'est pas s'endormir ragaillardie d'un « Je vous adore » qui résonne encore le lendemain matin.

Irène observe Emmanuelle. Elle a tout raté, tout gâché. Et il est trop tard pour réparer.

– Je te raccompagne chez toi.

– Mais…

– Irène, tu ne peux pas faire cours cet après-midi, dans cet état.

– Et toi ?

– Moi, poursuit-elle en soupirant, moi je n'ai pas cours le vendredi après-midi. Je mange avec toi à la cantine parce que c'est un moment précieux pour moi. Ensuite, je rentre à la maison.

Une amitié normale, dénuée de malaise et d'angoisses à venir, était là, sous ses yeux, et elle est passée à côté. Irène sent de nouveau le sol se dérober.

– Excuse-moi. Qu'est-ce que j'ai été conne…

– Tu ne me dois rien, Irène. On donne ce que l'on veut. Le reste n'a pas d'importance.

Elle prend la main tendue d'Emmanuelle et ensemble, les deux femmes descendent l'escalier de secours, traversent la cour intérieure, passent la grande porte.

19.

– On va porter plainte.

– Quoi ? Mais on ne peut pas…

En homme pragmatique, et après qu'Irène lui a tout raconté, Antoine fait, lui aussi, les cent pas dans le salon.

– Si, Irène, on peut. On va aller voir les flics. Cette fille a montré vos échanges, elle étale ta vie privée, elle te rabaisse, elle te manque de respect. Cette fille te harcèle.

Harcèlement. La mémoire d'Irène se met en branle. Elle se revoit en octobre pendant une heure de vie de classe. Elle a passé une vidéo en 3eB pour qu'ils prennent conscience de ce mot. Au début, ils ont réagi : ils étaient tous *contre le harcèlement*, contre les moqueries, les insultes, les violences verbales et physiques. Mais naïvement, ils pensaient qu'il n'y avait qu'un coupable : dans la vidéo, plus de dix élèves étaient concernés. Les 3eB ignoraient la complicité des autres. Pour avoir participé à l'isolement d'un camarade ? *Complices.* Pour n'avoir rien fait pour le défendre ? *Complices.* Pour avoir étouffé l'affaire, n'avoir rien dit à personne ? *Complices.* Certains ont baissé les yeux, et Irène a reconnu l'expérience et le vécu. « Madame, c'est ouf de faire ça à quelqu'un », avait déclaré Thibaud. Tous étaient d'accord avec lui, hochant la tête. Pour une fois, Irène avait réussi à obtenir le silence et la concentration qui leur faisait défaut.

Harcelée. Mot factice. On est harcelé par plus âgé que soi. À l'âge de dix ans, à son entrée au collège, elle avait été rackettée par un élève de troisième. Irène n'oubliera sans doute jamais le regard agressif et vaporeux du « grand », à qui elle devait donner ses Carambar et ses gommes à mâcher, avant qu'il ne s'attaque au portefeuille de ses parents : « Dis-le, et *je te bute* », lui chuchotait-il à l'oreille avant qu'elle ne reprenne le bus. C'est le chauffeur qui avait sorti d'affaire la fillette. Isabelle et Martin n'avaient pas grondé Irène, mais elle ne s'était pas sentie soutenue pour autant. Ses parents s'imaginaient, à tort, et parce que cela n'arrivait jamais à Iris, qu'Irène « *se débrouillait* pour avoir des ennuis ».

Avant, elle n'aurait jamais conçu le harcèlement d'un adulte par un adolescent. Mais elle sent que c'est vraiment ce qui est en train de se passer.

– Je n'oserais jamais.

Elle est assise sur le canapé, les jambes repliées, et Antoine marche de long en large – c'est sa manière de réfléchir – et il essaye, dans la plus grande sincérité, en tout cas c'est la posture adoptée par son corps, de sauver Irène.

Lorsqu'elle lui a tout avoué – elle a adopté sensiblement le même discours offert à Emmanuelle quelques heures auparavant – il ne lui a fait aucun reproche. Le blanc de ses yeux s'est seulement mis à briller, et l'univers d'Irène a vacillé (quand avait-elle vu Antoine pleurer pour la dernière fois ?). De force, parce qu'il sait pertinemment qu'elle ne se laisse pas faire, il l'a prise dans ses bras.

– J'irai avec toi. Tu n'es pas seule. Et ce n'est pas ta faute. Quand je pense que l'on t'a poussée à accepter un échange de messages. Avec les adolescents de cet âge, de cette trempe – il parle de Louise sans la connaître vraiment, mais Irène n'aurait pu mieux la décrire –, on ne sait jamais ce qui peut arriver. Ça dérape toujours, conclut-il, sûr de lui.

– J'ai ma part de responsabilités. Et puis, je ne suis pas sûre que ce soit autorisé, une relation avec une élève, murmure Irène.

– Je ne pensais pas que tu étais impliquée à ce point… J'ai cru à des messages, de sa part seulement. Je n'ai pas songé une seconde que tu puisses te confier à elle si facilement… Mais il faut que tu cesses tout contact, Irène, et que tu te défendes. C'est ta dernière chance. Tu ne lui as pas parlé aujourd'hui ?

– Non, je suis rentrée directement avec Emmanuelle.

– Vous n'avez échangé aucun message depuis lundi, depuis qu'elle a partagé vos discussions ?

– Non.

– Bon. Dans ce cas, on va au commissariat. Au moins déposer une main courante.

– Non !

Elle hurle, Irène, elle s'époumone. Cela sort d'elle-même comme un ouragan, cela l'épouvante, d'ailleurs, elle crie dans leur appartement, elle crie qu'elle refuse, elle crie alors que les jumelles dorment profondément, elle crie à réveiller le quartier, elle crie mais elle s'en fout : elle ne suivra pas Antoine. Elle fera comme elle voudra. Elle enterrera cette histoire.

Refuser : que Louise soit impliquée, qu'elle ait des ennuis, que Maxime aussi, mais surtout que Louise lui en veuille, cela elle n'ose pas se l'avouer, mais l'espoir est encore perceptible. Leur amitié n'est pas détruite. Irène peut encore se rattraper.

– Irène, ouvre les yeux. Tu ne peux pas être amie avec une collégienne, encore moins l'aider. Elle a vingt-cinq ans de moins que toi…

– L'âge importe peu. Louise est intelligente, nous avons de vraies conversations.

– Elle a maquillé nos filles, Irène. Elle est allée trop loin. Tu lui faisais confiance, mais ce n'est qu'une gamine, elle n'a pas conscience de ce qu'elle fait, elle ne mesure pas les conséquences. Si tu ne mets pas fin à cette relation pour toi, alors fais-le pour Maud et Alma.

– Oui.

– Que vas-tu faire, maintenant ?

– Me protéger.

*

Antoine est parti se coucher sans un mot.

– Conneries d'adolescente, a-t-elle conclu en se renversant sur le sofa.

Irène s'est endormie, brisée de fatigue.

Les vibrations de son téléphone la tirent d'un sommeil sans rêves, épouvantable. C'est comme si elle avait bu la tasse, à la piscine : léthargique, ses yeux et sa gorge lui font mal. Quelle heure est-il, une heure, deux heures du matin ? Le prénom d'Emmanuelle et son numéro s'affichent sur l'écran. Elle décroche, bredouille ; à l'autre bout de la ligne, son amie lui dit d'une voix claire qu'elle est désolée d'appeler en pleine nuit, mais qu'il fallait qu'elle lui dise quelque chose d'important. Elle ne pouvait pas attendre.

– Je t'écoute, fait Irène en se redressant.

Elle sort sur le balcon.

– J'ai parlé avec mon mari, François, ce soir. Tu ne dois pas m'en vouloir Irène, mais il est mon confident et cette histoire me trouble. Je lui ai raconté ce qu'il se passait au collège, entre toi et Louise.

– Ne t'inquiète pas. Continue.

– François est l'éditeur de Maxime, je te l'ai dit. Il vient de lui donner un manuscrit, pas encore abouti, juste à relire… En général, François lit en diagonale, puis il corrige dans le détail. Mais cette fois, il a tiqué : Maxime n'écrit que des polars, or, il tenait un roman entre les mains. Il l'a lu attentivement. Et quand je lui ai raconté ce soir ta relation avec Louise et où tout cela vous menait, il a failli tomber de sa chaise.

Irène se cramponne à la rambarde. Elle ne veut plus écouter Emmanuelle, elle aspire à se lever, à enjamber le parapet, à sauter dans le vide, les yeux grands ouverts. Elle imagine son corps sur le pavé, écartelé, son visage défiguré. Elle ne bouge pas. Elle attend, comme l'on patiente au tribunal dans l'attente du verdict.

– Irène, tu es toujours là ?

– Oui.

– Cette histoire, celle qu'a écrite Maxime, c'est la vôtre ! La même ! L'amitié d'une professeure de quarante ans avec une adolescente de quinze ans. Bon, il a changé les prénoms, les lieux, mais tout concorde… C'est dingue, Irène, il en a fait un livre… Bon, François me dit qu'il a écrit une passion amoureuse, et cela n'a rien à voir avec ce que tu vis avec Louise mais…

Emmanuelle pourrait continuer de parler toute la nuit, Irène a fermé les yeux. Avant de s'évanouir, elle sent la main d'Antoine la retenir, pour que sa tête ne s'écrase pas sur le sol, ne heurte pas la pierre.

Au petit matin, Irène et Antoine ont fait l'amour. Irène a eu besoin d'un corps dans le sien, d'un orgasme, d'une dépossession. Elle a eu besoin de voir le petit corps de Solène s'envoler par la fenêtre, de se dire qu'elle était guérie : que désormais, la souffrance que Louise lui infligeait avait dépassé la perte de sa fille. Elle s'est sentie vivante, paradoxalement vivante.

20.

Louise manque à l'appel. Cela fait quatre jours. Irène a changé de numéro, supprimé tous les messages de l'adolescente. Il faut qu'elle se détache et pour cela, il faut qu'elle ne la voie plus. Qu'elle n'entende plus parler d'elle. Que son prénom n'apparaisse plus.

En 3^{e}B, la jeune fille brille par son absence et Irène retrouve des couleurs.

Le week-end dernier, ils sont partis en forêt, tous les quatre. Elle se souvient de cet après-midi comme d'un tableau : deux couples qui se suivent, Maud et Alma devant, leurs mains entrelacées, Irène et Antoine étreints, têtes rapprochées. Ils se sont assoupis à l'ombre d'un pin ; Irène a senti les forces lui revenir, comme si la forêt la rappelait à elle. Enfant, elle faisait de longues promenades avec Iris, jouant aux fillettes perdues, abandonnées par leurs parents ; elles se cachaient dans des cabanes, inventaient un monde inconnu.

Au détour d'un sentier, elle a failli vomir. Un sanglier, tripes ouvertes, gisait au milieu d'une clairière. L'odeur de putréfaction les a suivis longtemps, jusqu'au détour d'un passage pour chevaux.

Irène n'éprouve pas de rancœur. Elle n'en veut pas à Louise ni à Maxime. Elle sait que de la douleur découlent des événements irréversibles, rarement choisis. Au comble de la souffrance, l'esprit ne sait plus faire de choix. Pire : il privilégie l'égoïsme. Un roman sur leur histoire ? François l'a rassurée : rien ne peut laisser penser qu'il s'agit d'elle et de Louise. « Tout est romancé, a-t-il affirmé, ce n'est pas la même chose. » Irène n'a plus d'audace. Elle ne veut pas porter plainte ni prendre un avocat. Elle refuse de se battre. Attaquer Maxime serait reconnaître son implication, son erreur ; sous les feux des projecteurs, la santé mentale d'Irène en prendrait un sacré coup.

Ne rien faire, ne rien dire, rester dans l'ombre.

Antoine semble aigri ; son humeur agressive sonne comme un piano désaccordé. Mais il la laisse gérer et elle apprécie. C'est son histoire, une page qu'il faut refermer, seule.

À Louise, elle a envoyé un unique message, le dernier s'est-elle juré : « Tu arrêtes, sinon je fous ta vie en l'air. Je porte plainte. J'aurai gain de cause. »

Irène a éteint son portable.

La blessure béante commence à se refermer.

Elle se sent en paix.

21.

Il faut affronter le regard des autres au collège : celui des élèves et des professeurs. Une tasse de café à la main, Irène a descendu les escaliers, s'est frayé un chemin entre ses collègues. Emmanuelle l'a encouragée du regard. Il s'agissait de quitter la salle où elle se terrait. « Garde la tête haute, lui a suggéré son amie. Plus tu la baisses, plus tu vas te sentir coupable, c'est là qu'ils t'écraseront sans lever le petit doigt. Ils peuvent être sans pitié… Gaspard, mon fils, s'est suicidé. Tu comprends ? Imagine les regards, ensuite, en salle des profs, la culpabilité qui te dévore… François a quitté la maison d'édition dans laquelle il travaillait ; j'ai demandé ma mutation. Blinde-toi, a-t-elle conclu, il y en aura toujours pour te reprocher quelque chose, comme si cela les concernait, parce que ton histoire leur rappelle leurs propres souvenirs. Blinde-toi, et assume. »

Irène a pensé à Karim, dont le corps se redressait, dont le regard s'allumait et toisait enfin, sans le faire exprès, ceux qui l'avaient méprisé. Elle a pensé à Gaétan. Désormais, l'adolescent lâchait des répliques cinglantes à quiconque se moquait de son embonpoint. Elle a pensé à Emmanuelle, qui n'avait jamais laissé les autres la piétiner.

Elle a pensé à Antoine, enfin, parce que c'est lui qu'elle avait mis de côté depuis septembre, à lui qu'elle ne pensait plus du tout, accaparée par Louise. Elle se sent prête à se laisser le temps d'aimer le père de ses filles. Elle se dit qu'elle en est capable, elle se dit que c'est possible. Tout est possible puisqu'elle est libre. Abandonner Louise revient à se retrouver soi-même, c'est ce qu'elle comprend. Elle retrouve la force d'âme qui l'habitait il y a des années, avant le déchirement qui a anéanti son existence, bien avant la mort de Solène : Irène à dix-huit ans, empoisonnant le monde entier (qui se résumait à l'époque, à Isabelle, Martin et Iris), Irène décidant de vivre avec Antoine qu'elle venait de rencontrer à une soirée étudiante, Antoine à des années-lumière de sa condition bourgeoise. Elle se revoit, le samedi soir, à califourchon sur ce jeune homme solaire et original, en train de lui défaire la boucle de sa ceinture, armée d'une volonté jusque-là inconnue, transie d'un désir enragé. Lorsqu'elle avait présenté Antoine à ses parents, Isabelle avait fait la moue, affichant un rictus incompréhensible, et Martin était allé s'enfermer dans son bureau, prétextant un appel urgent. Quelques années plus tard, ils se mariaient. Isabelle avait fini par lui dire ce qu'elle en pensait : qu'il n'était pas assez bien pour elle, mais quel homme aurait pu lui convenir, si ce n'est un choisi par ses propres parents ? « C'est notre dernière chance », lui a soufflé Antoine, un soir, dans leur chambre, en lui caressant la nuque et les cheveux, la voix tremblante et les yeux baignés de larmes qu'Irène goûtait, bouche plaquée contre sa joue. « Notre dernière chance », a-t-elle répété comme un mantra, leur prière à tous les deux, l'ultime possibilité de guérir leur couple.

Elle a pensé à Iris, sa sœur, sa complice, à qui elle a lâché le morceau, parce que désormais, Irène doit se réfréner pour ne pas en parler (c'est comme si cela devait sortir définitivement d'elle-même), et qui lui a dit sans respirer : « Je t'admire Irène, mais je me tais, je suis jalouse de ta sagesse et de ton honnêteté, j'admire ta foi dans ton métier et ta propension à vouloir faire progresser les élèves, alors je ne te juge pas, pas plus aujourd'hui qu'hier, n'importe qui aurait pu choisir Louise comme amie, parce qu'elle est ce que tu n'es pas, elle incarne tout ce que tu désires être ; mais je sens que tu vas mieux et que tu remontes la pente, tu dois sauver ta peau, tu n'as pas le choix. »

22.

Un message l'avertit : il faut rappeler Antoine, c'est urgent. Il reste cinq minutes avant la fin de la pause. Irène s'isole, monte quatre à quatre les marches pour accéder à l'étage scientifique, là où elle ne sera pas dérangée. Antoine décroche à la première sonnerie.

– Elle est à l'hôpital.

– Louise ?

Elle a presque crié. Louise hospitalisée. Louise anorexique, si maigre. Louise et ses vertiges, sa boulimie, ses vomissements, ses frayeurs incoercibles. Louise, *sa* Louise.

– Putain Irène, Alma ! Pas Louise, Alma ! Ta fille est à l'hôpital, martèle-t-il d'une voix forte, couvrant le grondement de la voiture. Je suis en route.

Alma.

Pas Louise.

Alma.

En passant les portes de l'hôpital, Irène s'est précipitée à l'accueil. On lui a indiqué la chambre 660, sixième étage. Service pédiatrique. Dans le couloir, elle a vu Antoine, puis le médecin. On l'a rassurée : convulsions sans gravité, température à 40 °C, à surveiller. « Que s'est-il passé ? » a demandé Irène, à bout de souffle, partagée entre un vague soulagement et une culpabilité qui lui broyait les côtes. « Elle a perdu connaissance en classe. Elle était brûlante. La maîtresse a appelé les pompiers », lui a rapporté Antoine avant de la guider jusqu'à la chambre.

Dans la pièce dépourvue de rideaux, et dont les persiennes ne laissent filer qu'un minuscule trait de lumière, repose le corps d'Alma. Petite silhouette sous le drap blanc, qui ne demande qu'à se lever et à partir en courant. Petite figure perdue au milieu des fils et des branchements. Petit visage sage aux yeux noisette, irrémédiablement clos.

D'un pas mal assuré, Irène s'avance. Le lieu sent le désinfectant, mais un parfum de chanvre flotte dans la pièce. Celui de l'infirmière, qui s'éloigne.

Irène a réclamé d'être seule. Elle prend la main d'Alma. Le corps tressaille doucement, et elle se met à parler. « L'amour que j'ai pour toi ne sera jamais remplacé. Louise n'était qu'un prétexte, un mouchoir posé sur mon chagrin terrible, une échappatoire pour ne pas partager ce que vous saviez malgré vous : Maman dépressive, mal soignée, Maman agacée d'un rien, peu sûre d'elle, ne sachant plus certains jours si elle était capable de finir la journée. Maman pensant, dans un conciliabule hermétique, *mauvaise, mauvaise mère*. »

À vingt heures, le corps d'Alma lové contre lui, Antoine a dit : « On rentre. »

Isabelle s'est précipitée vers eux à peine avaient-ils passé la porte. Elle avait récupéré Maud à l'école, consolant la fillette qui ne cessait de fondre en larmes.

– Elle croyait qu'Alma allait mourir.

Irène a pris sa fille dans ses bras.

– Tout va bien maintenant, lui a-t-elle chuchoté.

– Comment va-t-elle ?

– Mieux. Antoine va la coucher. Elle a eu un coup de chaud, d'après le médecin.

– Maud est fatiguée aussi... Elle a voulu attendre sa sœur pour dormir.

Dans le salon, les jumelles s'étreignaient. Comme toujours, Maud relevait Alma. Cette fois, elle s'en voulait de n'avoir pas su devancer le malaise de sa sœur.

– Je m'en occupe. Merci, Maman.

– Dans ce cas, je vous laisse. Ah, il faut que tu rappelles Iris, elle s'inquiétait aussi.

– Je vais la rassurer. Bonne soirée.

Sur le pas de la porte, Isabelle s'est retrouvée face à Emmanuelle, qui s'est présentée brièvement. Elle ne voulait pas déranger, elle se faisait du souci pour Alma, elle désirait avoir des nouvelles.

– Irène, c'est ta collègue.

– J'arrive.

Elle a fait patienter Emmanuelle, elle a rappelé Iris, l'a rassurée sur l'état de sa nièce. *Isabelle, Iris, Emmanuelle. Les femmes de ma vie*, a pensé Irène avec mélancolie.

– Je vais me coucher, Irène. Les jumelles dorment.

Antoine les a laissées seules. Elle ne boit jamais, mais elle a servi deux whiskys sur la table basse.

– On va en avoir besoin.

Les deux femmes ont parlé jusque tard dans la nuit. Irène a décrit les urgences, la boule au ventre, l'angoisse qu'on lui annonce une maladie grave. D'après elle, Alma souffrait, bien plus qu'elle ne le laissait paraître. Le sujet a dévié naturellement sur Louise. « Je lui ai consacré énormément de temps, au détriment des filles. Alma se tait, mais elle a dû sentir mon attachement, elle était jalouse. Je m'en veux, terriblement », a confessé Irène. « Ne t'en fais pas. Cela va s'arranger, a répondu Emmanuelle, une main sur l'épaule de son amie. Tu as eu une prise de conscience, violente, je te l'accorde, mais nécessaire… Maintenant, il faut que tu protèges ta famille. »

C'est comme si Irène se réveillait d'un cauchemar. Le brouillard dans lequel elle évolue depuis octobre tend à se dissiper, elle prend conscience, doucement, qu'il s'agissait d'une régression. Elle a joué le rôle qu'on lui avait attribué, elle s'est investie, elle a trop donné : elle a mimé une adolescente en quête d'amitié. « Je suis certaine que Maxime la manipulait, pour écrire le livre, lui a confié son amie. Je ne veux pas t'épargner. Il faut que tu ailles au bout des choses. C'est lui qui a tout orchestré depuis le début. Il jouait à un jeu dangereux. Pour elle, d'abord, mais aussi pour toi. »

Quel *jeu* dangereux Louise a-t-elle reproduit pour plaire à son père ? Est-elle réellement coupable de tout ce qui est advenu ? Jusqu'où a-t-elle été manipulée ? Et lui ? Qui peut être assez fou pour ordonner à sa fille de provoquer une amitié hors norme, pour pouvoir l'écrire, la retravailler, la publier ?

*

– Tu as bu ? lui demande Antoine, ensommeillé, alors qu'elle se couche à côté de lui.

– Oui, sourit Irène dans le noir, oui, mais rendors-toi maintenant. Tout va bien, lui répond-elle en caressant la peau de son dos, lisse et familière.

Il est deux heures du matin. Avant de s'endormir, Irène repense à ce que lui a dit son amie avant de partir : « Ce n'est pas la peine de me raccompagner, Irène. J'habite à deux pas. »

23.

Une femme dévêtue et une adolescente en tenue de sport se rejoignent au bord du bassin. Si elle le pouvait, si cette option lui était accordée, Irène assènerait à la jeune fille une gifle de haute volée. Il aurait suffi qu'elles soient seules. Il aurait suffi qu'elle ait du cran, de la volonté, surtout. Il aurait suffi qu'elle en ait le droit, tout simplement. Masquant l'angoisse qui commence à monter, elle récupère sa serviette-éponge laissée sur le banc, s'en enveloppe le corps désormais frileux. Les poils bruns dressés sur ses bras ne mentent pas.

Louise lui fait encore peur.

Irène attend qu'elle prenne la parole. C'est bien pour cela qu'elle est venue, guettant son ancienne professeure dans l'eau chlorée ?

D'un geste, l'adolescente extirpe de son sac à dos un petit objet.

Elle le lui tend. Le regard furtif vers le ventre gonflé semble s'étonner. Cela a duré quelques secondes.

Irène ouvre la main : dans sa paume, la clé de casier de l'adolescente.

Puis elle fait volte-face. Dans les souvenirs d'Irène, la collégienne ne s'est jamais retournée.

24.

– Compte tenu des circonstances, je comprendrais si vous demandiez votre mutation cette année, chère Irène. Parfois, changer d'établissement permet de laisser les soucis derrière soi.

M. Minet a tenu à la rencontrer avant les vacances d'été. Dans le bureau aux rideaux tirés, Irène a pris place en face de lui ; elle s'est assise à demi, comme si elle allait repartir aussi sec. Pourtant, elle a dépassé les ragots. Elle se sent désormais au-dessus des rumeurs, des critiques. Elle a su faire taire les plus curieux. Oh, cela n'a pas été facile : elle se revoit tête baissée, épaules rentrées, échappant aux regards inquisiteurs. Elle n'a pas supporté que l'on commente sa relation – brisée – avec Louise ; pas pu souffrir les remarques désobligeantes. Qu'en savaient-ils ? Sur quoi reposaient leurs conclusions ? « Tu n'as rien à te reprocher », lui a martelé Emmanuelle quand Irène a senti qu'elle aurait pu craquer, c'est-à-dire qu'elle aurait déboulé en trombe chez son médecin pour le supplier, s'il le fallait, de lui accorder un arrêt maladie. « Ton absence ne résoudrait rien, bien au contraire ; il faut affronter tout le monde avec un sourire ironique, les emmerder ; crois-moi, beaucoup de nos collègues n'approuvent pas cette relation que tu as entretenue avec Louise, mais c'est de la pure *jalousie.* »

Et c'est ce qu'elle a fait. Irène n'a jamais pensé que certains puissent envier ce qu'elle a vécu. Mais en y réfléchissant, l'adolescence est un âge ingrat, surtout en troisième, et de nombreux professeurs ne parviennent pas à établir le contact ; la faute à la puberté, à la rébellion, aux intenses émotions éprouvées par les jeunes, un peu perdus du reste, qui ne savent pas vraiment faire la différence entre leurs parents et les professeurs, qui se cramponnent comme ils peuvent en défiant toute autorité.

Au dernier cours avec les 3^e^B, avant qu'ils passent le brevet, Irène a failli pleurer. Cramponnée à son bureau, elle a regardé les élèves défiler un à un pour déposer des lettres rédigées à l'encre bleue. Elle est restée bien après la sonnerie pour tout lire. Leur attachement se matérialisait enfin, avec les mots qu'elle avait su leur transmettre. Au fond, son amitié avec Louise n'était que le reflet de ce qu'il s'était passé dans sa classe : l'évolution fascinante et miraculeuse d'une relation qu'Irène aurait pu qualifier de désastreuse.

« Merci pour tout », « Vous êtes une prof géniale », « Bon courage pour votre grossesse », « Félicitations pour votre bébé. »

Dans la salle d'attente du médecin, elle a dit à une jeune femme assise à côté d'elle :

– J'attends mon quatrième enfant.

Le diagnostic a été sans appel : déni de grossesse. Irène était enceinte de sept mois. Son ventre s'est arrondi d'un seul coup.

Le soir, elle sentait bouger ce qu'elle n'appelait pas encore son bébé. Elle s'est demandé si cette dénégation, ce refus inconscient d'enfanter de nouveau était lié à Louise. À leur histoire, à leur lien désormais dissous.

Depuis leur rencontre à la piscine, elle n'a plus eu de nouvelles de la collégienne. Après des heures de discussion avec Antoine, elle a pris une décision.

– Je ne demanderai pas ma mutation, monsieur Minet, a rétorqué Irène avec un aplomb sidérant.

– Alors, je peux vous redonner des classes de troisième quand vous reviendrez ?

– Je ne demande pas ma mutation, a-t-elle corrigé. J'abandonne.

– Vous changez de métier ? Mais quand ? Si c'est le cas, il faut faire les papiers…

– Disons que je fais un petit pas de côté.

– Et qu'allez-vous devenir, si je puis me permettre ?

– Professeure des écoles.

Irène s'est levée. Elle a contourné le bureau, s'est dirigée vers la porte. Puis elle s'est retournée.

– Mais si vous le voulez bien, pour ma dernière année, monsieur Minet, donnez-moi plutôt des classes de sixième. S'il vous plaît.

Un sourire est passé sur les lèvres du directeur. Il s'est bien gardé, lui, de la juger. Il se savait peut-être un peu coupable. Feindre l'indifférence, cela tend-il à la complicité ?

Irène a doucement fermé la porte, dévalé les escaliers. Le cœur battant à se rompre, elle est allée ouvrir le casier de Louise. Elle a trouvé un carnet rouge à l'intérieur.

Elle tenait désormais entre ses mains la vie de la collégienne.

Les réponses à ses questions.

Le nœud de la tragédie, enfin dénoué.

Le journal intime de Louise.

Avec des gestes lents, elle a replacé le carnet rouge à l'intérieur, elle a refermé le casier, elle est allée rendre les clés au secrétariat.

Elle a passé la grande porte, elle ne s'est pas retournée.

Dans la rue, le vent fort s'est engouffré dans ses cheveux, lui a fouetté le visage ; cela lui a fait l'effet d'une gifle.

Elle a continué de marcher, ralentie seulement par la lourdeur de son corps.

Puis elle a senti distinctement, au fond de son ventre comme dans un tambour, les coups de pied du petit garçon qu'elle attendait.

Œuvres évoquées dans le roman

Antigone, Jean Anouilh, 1944, rééd. La Table ronde, 2016
Le Temps des miracles, Anne-Laure Bondoux, Bayard Jeunesse, 2009
Le Livre de ma mère, Albert Cohen, Gallimard, 1954
Regarde les lumières mon amour, Annie Ernaux, Éditions du Seuil, 2014
Madame Bovary, Gustave Flaubert, 1857
Mémé, t'as du courrier !, Jo Hoestlandt, 1999, rééd. Nathan, 2013
« Le Lièvre et la Tortue », *Fables*, livre VI, Jean de La Fontaine, 1668
La journée de la jupe, réal. Jean-Paul Lilienfeld, 2009

Remerciements

Je remercie mon éditrice, Nathalie, pour sa relecture patiente et ses corrections d'une grande justesse. Sans elle, ce livre n'aurait jamais vu le jour : elle a permis à mon manuscrit de devenir un vrai roman.

Je remercie l'homme formidable qui partage ma vie depuis plus de vingt ans. J'aurais pu abandonner dix fois. Il a su – il sait – trouver les mots pour me redonner confiance et me remettre au travail.

Je remercie Nathalie S., Laurène, Marion, Camille, Audrey, Clémence, Clémentine et Lucie : vous restez mes lectrices privilégiées. Vos encouragements et votre soutien indéfectible me sont précieux.

Je remercie enfin mes parents : ils lisent mes petites histoires depuis que je sais écrire et j'ose croire qu'ils ne s'en lasseront pas.

Votre livre est fabriqué en France sur un papier certifié PEFC,
pour une gestion durable de la forêt.

Ouvrage réalisé par Cédric Cailhol Infographiste

Achevé d'imprimer sur Roto-Page en novembre 2024
par l'Imprimerie Floch à Mayenne

Dépôt légal : janvier 2025
N° d'impression : 105866

ISBN : 978-2-8126-2657-9

Imprimé en France